Yetişkinler İçin Temel Dinî Bilgiler

FIKIH

Yetişkinler İçin
Temel Dinî Bilgiler

FIKIH

PLURAL
Köln 2024

Yetişkin Eğitim Serisi

plural publications

PLURAL Publications GmbH
Colonia-Allee 3 | D-51067 Köln
T +49 221 942240-260 | F +49 221 942240-201
www.pluralverlag.eu | info@pluralverlag.eu

6. Baskı, Köln, Mart 2024

Yazar
İlhan Bilgü

Tasarım | Dizgi | Baskı
PLURAL Publications GmbH

ISBN: 978-3-947179-48-0

İçindekiler

Önsöz

"Ya öğreten ol, ya öğrenen ol, ya dinleyen ol, ya da ilmi destekleyen ol. Beşincisi olma, helak olursun!" (Dârimî, Mukaddime, 26)

İlmi kendisinin yitik malı olarak gören herkesin hayat boyu öğrenme ve öğretme faaliyeti içerisinde olması kaçınılmazdır. Nihayetinde kazananlardan olmak ilim öğrenip öğretmekle, ilim meclislerine devam etmekle, ilmi ve âlimi sevmekle mümkündür.

Müslüman'ın beşikten mezara kadar süren hayatının tamamı iman ve cihaddır. Hayatın asıl gayesi doğru bir inançla istikamet sahibi olarak yaşamak ve yüce Allah'ın rızasını elde etmek için gayret göstermektir. Elinizdeki bu çalışma işte bu temel ilkeler gözetilerek oluşturulmuştur.

Elinizdeki eser dinî ve sosyal hayatımızı ilgilendiren fıkhî konuların yanı sıra, her Müslüman'a farz olan bu ibadetleri ve bu ibadetlerin hikmet ve faziletlerini açıklama gayretindedir. Duamız çalışmanın niyetimizin bir tezahürü olarak yetişkin eğitimi çalışmalarına ve kendi kendine temel dinî bilgileri öğrenmek isteyen herkese mütevazı bir katkı olmasıdır.

Kitapların muhtevasının belirlenmesinden tashihine, redaksiyon ve basımına kadar emeği geçen herkese şükranlarımızı sunuyoruz. Yazarlarımıza ise hassaten teşekkür ediyoruz. Çalışmanın geliştirilmesi adına, dikkatli okurlarımızın yapacakları her türlü tespit, tenkit ve tekliflerden memnuniyet duyarız.

Gayret bizden, tevfik Allah'tandır.

İlhan Bilgü

Fıkıh Nedir?

Günlük hayatımızda, dinî amellerimizin nasıl yapılacağını ortaya koyup, bizlere anlatan ilme fıkıh ilmi ya da kısaca fıkıh denilir. Örneğin namazı nasıl kılacağımız, nelere dikkat edeceğimiz, namaz kılarken ne yapmamız veya yapmamamız gerektiği ile ilgili bilgileri fıkıh ilmi ile öğreniyoruz.

Fıkıh, bir şeyi incelikleri ve her türlü özelliği ile bilmek, idrak etmek veya kavramak demektir. Fıkıh ilmine sahip olabilmek için mutlaka bir ön bilgimizin olması lazımdır. Bu ön bilgilerin başında, Kur'ân-ı Kerîm'in manası ile birlikte bilinmesi gelmektedir. Kur'an, her türlü İslami emir ve nehiylerin (yasakların) ana kaynağıdır.

İkinci ön bilgi, Kur'ân-ı Kerîm'i bizlere manasıyla öğreten Peygamber Efendimiz (s.a.v.)'in uygulamalarını bilmektir. Aslında bu şekliyle fıkıh, Kur'ân-ı Kerîm'i ve Hz. Peygamber'in sünnetini anlama ilmi demektir.

Daha sonra ise, mezhep imamlarımızın verdikleri hükümlerin bilinmesi gerekmektedir. Demek oluyor ki, fıkıh bir ilim olduğuna göre, o ilmin her alanında bilgi sahibi olmak, sonra da bu bilgileri usulüne göre düzenlemek gerekmektedir.

Bir ilim dalı olarak fıkhı Hanefî mezhebi imamı Ebû Hanîfe, "Fıkıh, kişinin lehine ve aleyhine olan şeyleri bilmesidir." şeklinde tarif etmiştir. Kişinin lehine olan şeyler, sonunda Allah rızasına götürecek amellerdir. Aleyhine olacak şeyler de Allah'ın gazabını çekecek şeylerdir. Bunların hepsini din belirler.

Şâfiî âlimler ise fıkhı şöyle tarif etmiştir: "Şeri-amelî hükümleri özel delillerinden çıkararak bilmektir."

Fıkıh ilmi ile meşgul olan ve dinî konularda fetva verebilecek ilim sahibi âlimlere ise "fâkih" denir.

Fıkhın Kaynakları

Her fıkhî hükmün; yani haram, helal, caiz, mekruh şeklindeki hükümlerin mutlaka bir kaynağı vardır. Neden, nasıl, kime, ne zaman gibi sorulara da bu kaynaklardan hareketle cevap verilir. Yani fıkhın meşgul olduğu bütün bilgilerin bir kaynağı ve izahı olmak durumundadır. Bu anlamda, yukarıda zikredilen haram, helal, caiz gibi hükümlerin birinci ana kaynağı Kur'ân-ı Kerîm'dir. İkinci ana kaynak ise, Kur'an'ın nasıl anlaşılacağını ve nasıl uygulanacağını bizlere bildiren ve tebliğ eden Peygamber Efendimizdir. Biz, bu hükümlerin kaynağının Peygamber Efendimiz olduğunu söylediğimizde buna sünnet diyoruz. Yani hükümlerin ikinci ana kaynağı sünnettir.

Kur'ân-ı Kerîm

Kitaplarda Kur'ân-ı Kerîm'in tarifi özel bir şekilde şöyle yapılmıştır. Kur'ân-ı Kerîm, Allah Teâlâ tarafından vahiy yoluyla Allah'ın Resulü Hz. Muhammed (s.a.v)'e Arapça olarak indirilen, bize kadar tevatür yoluyla nakledilen, hafızların ezberlediği, mushaflarda yazılı olan, mushaflarda yazılı şekli ile Fâtiha suresi ile başlayıp Nâs suresi ile sona eren ilahî kelamdır.

Kur'ân-ı Kerîm, Bakara suresinin ikinci ayeti ile diğer pek çok ayette açıkça beyan buyurulduğu gibi, Allah'tan korkanlar, muttakiler (takva sahipleri) ve bütün insanlık için doğru yolu gösteren kitaptır.

Kur'an, Allah'a iman başta olmak üzere, ahlaki, hukuki ve toplumsal kuralları anlatır. Bununla birlikte geçmiş ümmetlerin inançlarındaki yanlışlık, Allah'ın elçilerinin bu yanlışlıkla mücadeleleri, o ümmetlerin ahvali gibi çeşitli konuları haber verir. İnsanların hem dünya hem de ahiret saadetini kazanması için nasıl inanmaları, nasıl yaşamaları, ne yapıp ne yapmamaları gerektiği hakkında açıklamalarda bulunur. Allah'ın razı olacağı şekilde bir hayat sürmenin yollarını gösterir. Ki, bu yola hidayet yani en doğru ve en sağlam yol denilir.

Sünnet

Fıkhın ikinci ana kaynağı sünnettir. Sünnet, Peygamber Efendimizin herhangi bir konudaki kararıdır. İkinci ana kaynak olan sünnet aynı zamanda Kur'an'ı anlamada birinci kaynaktır. Zira, Kur'ân-ı Kerîm ibadet ve diğer hükümleri verirken genellikle prensipler, kaideler, umumi hükümler üzerinde durmuş, bu genel kuralların ne olduğunu ise Peygamber Efendimiz açıklamıştır.

Sünnetin birinci görevi Kur'an'ı açıklamak, onu uygulamak, genel hükümlerini izah etmektir. Sünnetin sahibi olan Peygamberimiz, Allah'ın elçisi olarak, günlük hayatta nasıl iman edileceğini, nasıl ibadet yapılacağını, nasıl Allah rızasına uygun bir hayat sürdürüleceğini yaşayarak, emir buyurarak, yasaklayarak ya da cevaz vererek göstermiştir.

Sünnet üç şekilde olur:

1) Kavlî sünnet: Peygamber Efendimizin sözleri ile bir şeyi emretmesi, yasaklaması veya izah etmesidir.

2) Fiilî sünnet: Bizzat Peygamber Efendimizin bir işi kendisinin yapmasıdır.

3) Takrirî sünnet: Peygamberimizin, sahâbîlerin bir konudaki sözlerine veya yaptığı işlere onay vermesi, o konuda susması veya engel olmamasıdır.

Sünnet ile ilgili olarak bilinmesi gereken iki önemli nokta vardır. Bunlardan birincisi, sünnetin Kur'an'ın en doğru açıklayıcısı olduğu gerçeğidir. Allah'ın elçisi ve vahyin muhatabı olarak Peygamber Efendimiz elbette ki, Kur'an'ın ilk ve en doğru açıklayıcısı olacaktır.

Sünnetin ikinci önemli özelliği de Kur'an'da bildirilmeyen konularda veya bildirildiği hâlde çok genel ifade edilmiş olan alanlarda hüküm koyması, uygulayıcı olarak yol göstermesidir. Mesela namazın nasıl kılınacağı, haccın nasıl yapılacağı gibi.

İcma

Bir konuda fikir birliğine varılmasına icma denilir. Fıkhî bakımdan ise, bütün İslam âlimlerinin bir mesele hakkında aynı hükmü vermeleridir. İcmanın kaynağı Kur'an ve sünnet olabileceği gibi, Müslüman âlimlerin ortaklaşa vardıkları bir içtihat da olabilir. Buradaki asıl mesele, tüm âlimlerin aynı hükmü vermiş olmalarıdır.

Kıyas

Kıyas, iki şeyi karşılaştırarak sonuca varmaktır. Fıkıhta, hakkında Kur'an ve sünnette herhangi bir hüküm bulunmayan bir konuda, hakkında hüküm bulunan başka bir konuya bakarak hüküm vermek demektir. Bu iki konu arasında gerekçe ve sebep benzerliği bulunmalıdır. Kıyasın en önemli örneğini bizzat Peygamber Efendimiz yapmıştır.

Şöyle ki:

İçki (hamr: üzüm ve hurmadan yapılan şarap), Mâide suresinin 90 ve 91. ayetleri ile kesin olarak yasaklanmıştır. Peygamber Efendimiz içkinin asıl yasaklanma gerekçesinin (illetinin) sarhoşluk verici özelliği olduğundan hareketle:

كُلُّ مُسْكِرٍ خَمْرٌ وَكُلُّ مُسْكِرٍ حَرَامٌ

"Her sarhoş edici şey şaraptır (hamr) ve her sarhoş edici şey de haramdır." (Nesaî, Eşribe 22, H. No: 5586) buyurmuşlardır.

Burada maddeler farklı da olsa özellikleri aynı olması dolayısıyla, hakkında hüküm bulunmayan diğer sarhoş edici şeyler hakkında da hüküm verilmiştir. İşte bu mukayeseye kıyas denmektedir ve fıkıhta ana kaynaklardan birisini teşkil etmektedir.

Mezhep ve Mezhepler

Fıkıh denince hemen mezhepler aklımıza gelmektedir. Manası "gidilen yollar" demek olan mezhepler, İslam dinin hayatımıza uygulanmasındaki temel esasları Kur'an ve sünnet kaynaklarından hareketle ortaya koyarlar. Mezhepler asıllarda değil, detaylarda yani ayrıntılarda farklıdır. İslam dininde uzmanlaşmış, çok derin bir bilgi sahibi olan kişilerin yoludur. Bu kişilere fıkıh âlimi anlamında "fâkih" dendiğine yukarıda değinilmişti. Fâkihler, dinin ayrıntılara dair hükümlerini, kendilerine mahsus kural ve yöntemlerle ortaya koyarlar. Bunun için, her mezhebin kendine has bir yöntemi vardır. Bu yönteme "usul-ü fıkıh" denilir.

Usul-ü Fıkıh

Usul, bir kurallar, kaideler bütünüdür. Dinî hükümlerin ayrıntılarını bilebilmek için bu usule gerek vardır. Bu usulün ilk örneklerini Peygamber Efendimiz göstermiştir. Mesela burada kıyas bahsinde verilen örneği tekrar zikredebiliriz: İçkinin haram kılınışı Kur'an'da çok açık bir şekilde detaylandırılmamıştır. İçkinin ne kadar kötü olduğu, içkiden kaçınılması gerektiği üzerinde durulmuştur.

Fakat Peygamberimiz, *"Her sarhoş edici şey şaraptır (hamr) ve her sarhoş edici şey de haramdır."* buyurmuştur. Sonra da, *"Çoğu sarhoş eden şeyin, azı da haramdır."* (Buhârî, Eşribe, 4) buyurmuştur. Bu şekliyle Efendimiz (s.a.v.) her tür ve miktarda sarhoş edici içkinin haram olduğuna dair bir usul, bir kaide ortaya koymuştur.

Mezhepler, hakkında açık ve kesin hüküm bulunmayan konuların nasıl anlaşılacağını belirli usullere bağlamışlardır. Artık Kur'an gibi vahiy gelmeyecektir. Peygamberimiz de olmadığı için dini anlamada mezheplerin oluşturdukları kurallar önem kazanmaktadır. Kurallar olmayınca, her önüne gelen kendisine göre bir hüküm verir. Bu da din hususunda kargaşaya sebep olur. Örnek olması bakımından kıyası ele alalım: Her mezhep kıyası nasıl kullanacağını, hangi alanlarda kıyasın caiz olup olmayacağını kurallarla ortaya koymuştur.

Müçtehit ve İçtihat

İslam'da derin bilgi sahibi olup hakkında açık veya kesin hüküm bulunmayan meseleleri veya hükümleri açıklayacak durumda olan âlimlere müçtehit diyoruz. Müçtehitler, manası kapalı veya kesin olmayan Kur'an ve sünnet hükümlerini derinlemesine düşünerek, herhangi bir konuda hangi hükmün verileceğini ortaya koyarlar. İşte bu hükümlere de içtihat denir.

Namazın farziyeti gibi delili kesin, yani ayet veya sünnette hakkında kesin hüküm bulunan konularda içtihat yapılmaz. Aynı şekilde abdest su ile alınır; ancak örneğin gül suyu gibi suların normal su yerine geçip geçmeyeceği müçtehitler tarafından belirlenir.

Mezheplerin imamları, İmam Ebû Hanîfe, İmam Mâlik, İmam Şâfiî ve Ahmed b. Hanbel ümmetin kabul ettiği en büyük müçtehitlerdir.

Mezhepler Niçin Ortaya Çıkmıştır?

Peygamberimiz (s.a.v.) zamanında ashâb-ı kirâm her konuyu Efendimize sorar, her şeyi ondan öğrenirdi. İlk dört halife döneminde de akaid ve amellerle ilgili meselede ashaba ve güvenilir âlimlere müracaat edilir, cevabı alınırdı. Daha sonraki devirlerde Müslüman nüfus arttı, farklı beldelerde farklı diller, farklı inançlar ve meseleler ortaya çıktı. Müslüman ahalinin hepsi din ilimleri hakkında bilgi sahibi olmadığı için güvendikleri âlimlerin görüşlerine uymaya başladı. Bu âlimler ortaya çıkan yeni meselelere Peygamber ve sahabeden aldıkları yöntemlerle cevap vermeye başladılar. Bu yöntemleri daha sonra belirli usüllere bağladılar. Müslümanlar da güvendikleri bu âlimlere uydu. Her bir âlimin yolu "mezhep" olarak tanınmaya başladı. Etrafında toplanılan âlime imam denildi; İmam Ebû Hanîfe gibi. Şunu da belirtmek gerekir ki, hiçbir mezhep imamı "Ben bir mezhep kuruyorum, bana uyunuz!" dememiştir.

Günümüzde 4 ana fıkıh mezhebi vardır. Bu mezhepler tarih sırasına göre şöyledir:

Hanefî, Mâlikî, Şâfiî ve Hanbelî mezhebi.

Hanefî Mezhebi

Mezhebin imamı, İmâm-ı Âzam Ebû Hanîfe'dir. Ebû Hanîfe, hicri 80 (m. 699) yılında Kûfe'de doğmuş, 150'de (m. 767) Bağdat'ta vefat etmiştir. İmâm-ı Âzam Ebû Hanîfe içtihatlarında daima insanların ihtiyaçlarını, dinin inanç ve ameldeki maksadını, temel kriterleri dikkate alarak hareket etmiştir. Mezhebin en önemli özelliği, ayet ve hadislerin hükmü ile aklın yorumu arasında makul bir dengenin oluşudur. Dört ana şeri delilin yanında örf ve âdet gibi feri delilleri eklemiş, kamu yararını daima göz önünde bulundurmuş, kişi hak ve hürriyetlerinin korunmasını düstur edinmiştir.

Feri deliller; Kur'an, sünnet, kıyas ve icma gibi asli delillerin haricindeki delillerdir.

Mâlikî Mezhebi

Mezhebin imamı, İmam Mâlik'tir. Hicri 93 (m. 711) yılında Medine'de doğmuş, 179 (m. 795) yılında yine Medine'de vefat etmiştir. Mezhebin en önemli özelliği, İmam Mâlik'in, o günün ilim merkezi durumunda olan Medine halkının, yani ilk dört halife ile ashabın ve onlara tabi olan sonraki nesillerin uygulamasına büyük ehemmiyet vermesidir. Ona göre, Medinelilerin ameli, mütevatir sünnet (en kuvvetli sünnet) hükmündedir.

Şâfiî Mezhebi

Mezhebin imamı, İmam Şâfiî'dir. Hicri 150 tarihinde (m. 767) Filistin'in Gazze şehrinde doğmuş, 204'te (m. 819)

Mısır'da vefat etmiştir. İmam Mâlik'ten Hicaz fıkhını, Ebû Hanîfe'nin talebesi olan İmam Muhammed'den de Irak fıkhını öğrenmiştir. Mezhebinin en önemli özelliği, âdeta Hanefî ile Mâlikî fıkhının terkibi/sentezi (birleşimi) niteliğinde olmasıdır. Ayet ve hadislerin lafzi ve zahirî, yani kelime manalarına öncelik vermiştir. Ayrıca ayet ve hadislerde bahsedilmemiş olan konuların genel olmayacağı düşüncesindedir. Mesela Peygamberimiz arpa, buğday, hurma ve kuru üzüme zekât düştüğünü bildirmiş, başka ürünleri söylememiştir. Lafzi veya zahirî olarak değerlendirildiğinde, hadiste geçmeyen tarım ürünlerine zekât düşmeyeceği ifade edilir. Eğer hadiste sayılanların haricindeki ürünlere de zekât düşmüş olsaydı, o ürünlerin de sünnette açıklanması gerekirdi.

Hanbelî Mezhebi

Mezhebin imamı, İmam Ahmed b. Hanbel'dir. Hicri 164'te (m. 780) Bağdat'ta doğmuş, 241'de (m. 855) yine Bağdat'ta vefat etmiştir. İmam Ahmed b. Hanbel ibadet ve muamelat konularında iki ayrı usul benimsemiştir. İbadetle ilgili hususlarda ayet ve hadislere çok sıkı sarılmakla birlikte, muamelat konularında (günlük hayatın icapları) bir şeyin haram olduğuna dair ayet ve hadislerde açık bir delil yoksa, onun mubah olduğuna hükmederek daha serbest bir anlayış geliştirmiştir.

Bu dört mezhepten başka daha otuza yakın amelde hak mezhebin olduğu bilinmektedir. Ancak bunların müntesipleri kalmadığı için kitaplarda sadece isimleri vardır.

Bir Mezhebe Uymak

Her insan, her ilmin detayını bilme imkânına sahip değildir. Her Müslüman da dinin ana kaynaklarından nasıl hüküm çıkarılabileceğini bilememektedir. Onun için bir Müslüman dinî ilimlerde güven duyduğu birisinin sözüne itibar eder ve onun görüşlerine göre ibadetlerini ve hayatını sürdürür. Buna taklit etmek denir. Müçtehitleri taklit eden kişiye de mukallit denir. Mukallit durumunda olan her Müslüman'ın hak mezheplerden birine mutlaka bağlı kalması gerekir. Onun için en emin, en güvenli yol budur. Ancak taklit yapacak olan kimselerin de yine din ve dinin temel ilkeleri (farzlar) ile, helalleri, haramları ve ibadetlere ait diğer bazı hükümleri öğrenmeleri gerekmektedir.

Kur'ân-ı Kerîm'de:

فَسْـَٔلُوٓا اَهْلَ الذِّكْرِ اِنْ كُنْتُمْ لَا تَعْلَمُونَ

"Eğer bilmiyorsanız ilim sahiplerine sorun." (Nahl suresi, 16:43) buyurulmaktadır. Dolayısıyla bilgisi olmayan, mutlaka bilgisi olan âlimlere soracak ve o âlimleri taklit edecektir.

Mezhepler dini anlama sistemidir ve dini anlamak için metotlar geliştirmişlerdir. Kur'an ve sünnetten mana ve hüküm çıkarmak için usuller geliştiren mezheplerin yolundan giden âlimler de bu usuller çerçevesinde kendi zamanlarındaki meseleleri çözüme kavuştururlar. Mezheplerin ortaya çıkmasından bu zamana kadar geçen 1300'ü aşkın yıllık süreçte, âlimlerin çoğunluğu da dâhil olmak üzere halk bir mezhebe bağlı olmuşlardır. Fakat mukallitlerin de kendilerini yetiştirmeleri, en azından kendi mezheplerinin görüşlerini bilmeleri gerekir.

İlmihâl Nedir?

İlmihâl demek, bir kişinin bulunduğu hâl (durum) ile ilgili hükümleri bilmesi demektir. Mesela oruç tutacağımızda ne zaman imsak yapmamız gerektiği, unutup yersek orucumuzun bozulup bozulmayacağı, hasta olanların veya yolculuğa çıkanların oruç tutup tutmayacağı gibi bilgilere ilmihâl bilgileri denir. İlmihâl bilgileri dinî ilimlerde müçtehit konumuna gelmiş olan âlimlerimizin ortaya koyduğu hükümlerin kısa ve anlaşılır bir şekilde yazılmış hâlidir. İlmihâl kitapları dediğimizde genellikle, günlük ibadetlerimiz ile ilgili bilmemiz gerekenleri bir araya toplayan ilim veya bu ilimlerin yazılı olduğu kitaplar anlaşılmaktadır. Geçtiğimiz yüzyılın en meşhur ilmihâl kitapları arasında merhum Ömer Nasuhi Bilmen'in *İslam İlmihâli* önemli bir yer tutar.

İlmihâl kitapları özelikle son devirlerde daha da yaygınlaşmıştır. Son devirlerde ortaya çıkan meselelere dair fetva ya da ilmihâl bilgileri ancak bu dönemde yazılan kitaplarda bulunabilir. İslam Toplumu Millî Görüş Din İstişare Kurulu günümüz meselelerine çözümler üreten bir kuruldur. Bu kurulun yayınladığı fetva kitapları da kendi konularında birer ilmihâl sayılır. *Fetâvâ* kitapları ile *el-Cevâb* isimli yayınları burada örnek olarak verebiliriz.

Dinimizin ana kaynağı olan Kur'ân-ı Kerîm, hasta ve yolcuların oruç tutmayabileceklerini bildirmiştir. Fıkıhta ilim sahibi olan büyük Müslüman âlimler ise, hastanın veya yolculuğun özelliklerini tespit etmişlerdir. Geçmiş zamanlardaki yolculuklarla bugünkü yolculukların aynı yolculuk olup olmayacağı konusundaki tartışmaları hepimiz yaşamışızdır. İşte buradaki benzerlikleri veya farklılıkları müçtehit imamlar ve daha sonra da onların yolundan giden büyük âlimler ortaya koymuşlar, fıkıh kuralı olarak bize bildirmişlerdir. İlmihâl kitapları bu bilgileri, ayrıntılarına inmeden bize anlatır.

İlmihâl kitapları inanç (akaid), ibadet ve diğer insanlarla ilişkilerimize (muamelat) ilişkin temel bilgileri içerir.

طَلَبُ الْعِلْمِ فَرِيضَةٌ عَلَى كُلِّ مُسْلِمٍ

"Her Müslüman'a ilim öğrenmek farzdır." (İbn Mâce, Mukaddime, H. No: 229) hadîs-i şerifinin manasından hareketle İslam âlimleri, her Müslüman'ın en azından iman, namaz, oruç, helâl ve haram gibi temel bilgileri bilmesinin mecburiyeti üzerinde durarak ilmihâl kitaplarını hazırlamışlardır.

İbadetler

İbadet Nedir?

Genel manasıyla ibadet Allah'a itaat etmek, Onun emir ve yasaklarına riayet etmek ve Ona kulluk etmek demektir. Özel manasıyla ibadet namaz, oruç, hac, zekât, dua, Kur'an okumak, hayır ve infak yapmak gibi amellere denir. Bu ibadetlerin şekilleri ve nasıl yapılacağı Allah Teâlâ ve Resulü tarafından belirlenmiştir. Allah ve Resulünün belirlediği şekillerin haricinde bu ibadetler yerine getirilemez. Bu manada ibadet, Allah'ın bir emri olduğu için yapılır.

Namaz, oruç gibi ibadetlere dinî görev de denebilir. Fakat, bu ibadetlerin yanı sıra Allah'ın hoşnutluğunu kazanmak yolunda yapılan her amel de ibadet olur.

İbadetin daha geniş manası şudur: İnsanın, Allah'a verdiği nimetler karşısında hamd ve şükrünü göstermek için, hayatı boyunca Onun razı olacağı işleri yapmasıdır. Buna, ubûdiyyet, yani kulluk da diyoruz. Dolayısı ile kulluk, ibadeti de kapsamaktadır. Öyleyse kulluk, bir hayat boyu sürecek demektir. Yani kulluk, hayat boyunca yaptığımız davranış ve tutumlarımızın, insanlarla ve mahlukatla olan ilişkilerimizin Allah'ın razı olacağı şekilde ortaya konulmasıdır.

Niçin İbadet Ediyoruz?

İbadet etmemiz, bizim yaratılış hikmetimizdir diyebiliriz. Kur'ân-ı Kerîm ile hadîs-i şeriflere baktığımızda insanın Allah'a karşı sorumluluğunun temelinde kulluk etmek olduğunu görmekteyiz. Fakat, Allah'ın kesinlikle hiçbir şekilde bizim kulluğumuza ihtiyacı yoktur. Ama biz insanların Allah'a kulluk etmeye ihtiyacı vardır. Çünkü:

Bizi yaratan Allah'tır. Bize rızık veren Allah'tır. Bu yüzden Allah'a karşı hamd ve şükür borcumuz vardır. Bu borcu ödemek zorundayız. Borcumuzu öderken, Allah katında kazançlarımız olacak, yani sevap dediğimiz ödüllerle ödüllendirileceğiz. Böylece Rabbimizin rızasını kazanacağız. Bir yaratılmış için, yaratanının rızasını kazanmaktan daha değerli bir iş olamaz.

Din, insanın hem dünyasında hem de ahiretinde kurtuluşu için gerekli düzenlemeleri yapan bir sistemdir. İbadetler de bu kurtuluşun anahtarlarıdır.

Rabbimiz çeşitli ayetlerde niçin ve nasıl ibadet etmemiz gerektiğini bildirmiştir. Mesela:

وَمَا خَلَقْتُ الْجِنَّ وَالْاِنْسَ اِلَّا لِيَعْبُدُونِ ﴿٥٦﴾

"Ben cinleri ve insanları, ancak bana kulluk etsinler diye yarattım." (Zâriyât suresi, 51:56) buyurarak kulluğun yaratılmış olmanın bir gereği olduğunu bildirmiştir.

يَٓا اَيُّهَا النَّاسُ اعْبُدُوا رَبَّكُمُ الَّذ۪ي خَلَقَكُمْ وَالَّذ۪ينَ مِنْ قَبْلِكُمْ لَعَلَّكُمْ تَتَّقُونَۙ ﴿٢١﴾

"Ey insanlar, sizi ve sizden öncekileri yaratan Rabbinize ibadet ediniz ki, takva mertebesine nail olasınız." (Bakara suresi , 2:21) buyurarak da takvaya ancak ibadetle erişilebileceğini bildirmiştir. Takva mertebesi demek, kısaca Allah'ın emir ve yasaklarına uyamama endişesi, yani Allah'tan korkma şuuru demektir. Bu, Allah'tan korkmanın manasından hareketle, hâşâ Allah'ın korkulacak bir şey olması demek anlamına gelmez. Aksine, bizim onun isteklerine uymamamız sebebiyle gazabından korkmak demektir. Yine bir başka manası ise, Allah'ın emrine ve yasaklarına uyamama korkusu, endişesi demektir. Böylece takva kısaca: "Dinin emir ve tavsiyelerine uyma, haram ve günahlardan kaçınma hususunda azami dikkat göstermek" şeklinde tarif edilir.

Allah bizi iyiliğe ve rızasına davet etmektedir. Nitekim Yüce Allah;

يَٓا اَيُّهَا الَّذ۪ينَ اٰمَنُوا ارْكَعُوا وَاسْجُدُوا وَاعْبُدُوا رَبَّكُمْ وَافْعَلُوا الْخَيْرَ لَعَلَّكُمْ تُفْلِحُونَ ﴿٧٧﴾

"Ey iman edenler, rükû edin, secde edin, Rabbinize kulluk edin ve hayır işleyin ki kurtuluşa eresiniz." (Hac suresi 22:77)

ayetinde buyurduğu gibi, kurtuluşumuzun yollarını göstermektedir. İşte biz vadedilen bu kurtuluşa ermeyi ümit eder; erememe korkusunu da hep içimizde taşırız. Bu duruma kullukta "havf ve reca arasında bulunmak" denir. Havf korkmak, reca da ummak, yani ümit etmek anlamına gelir.

Peygamber Efendimizin şu hadîs-i şerifi, kulluk etmeye başladığımızda Rabbimizin kulluk işimizi kolaylaştıracağı müjdesini vermektedir:

عَنْ عَلِيٍّ، قَالَ كُنَّا فِي جَنَازَةٍ فِي بَقِيعِ الْغَرْقَدِ فَأَتَانَا رَسُولُ اللَّهِ ﷺ فَقَعَدَ وَقَعَدْنَا حَوْلَهُ وَمَعَهُ مِخْصَرَةٌ فَنَكَّسَ فَجَعَلَ يَنْكُتُ بِمِخْصَرَتِهِ ثُمَّ قَالَ مَا مِنْكُمْ مِنْ أَحَدٍ مَا مِنْ نَفْسٍ مَنْفُوسَةٍ إِلاَّ وَقَدْ كَتَبَ اللَّهُ مَكَانَهَا مِنَ الْجَنَّةِ وَالنَّارِ وَإِلاَّ وَقَدْ كُتِبَتْ شَقِيَّةً أَوْ سَعِيدَةً " . قَالَ فَقَالَ رَجُلٌ يَا رَسُولَ اللَّهِ أَفَلاَ نَمْكُثُ عَلَى كِتَابِنَا وَنَدَعُ الْعَمَلَ فَقَالَ "مَنْ كَانَ مِنْ أَهْلِ السَّعَادَةِ فَسَيَصِيرُ إِلَى عَمَلِ أَهْلِ السَّعَادَةِ وَمَنْ كَانَ مِنْ أَهْلِ الشَّقَاوَةِ فَسَيَصِيرُ إِلَى

عَمَلِ أَهْلِ الشَّقَاوَةِ " . فَقَالَ " اعْمَلُوا فَكُلٌّ مُيَسَّرٌ
أَمَّا أَهْلُ السَّعَادَةِ فَيُيَسَّرُونَ لِعَمَلِ أَهْلِ السَّعَادَةِ
وَأَمَّا أَهْلُ الشَّقَاوَةِ فَيُيَسَّرُونَ لِعَمَلِ أَهْلِ الشَّقَاوَةِ

Hz. Ali (r.a.)'dan şöyle rivayet edilmektedir:

"Bir gün Bakî Ğarkad kabristanında bir cenaze esnasında Resûlullah (s.a.v.) geldi ve o oturunca biz de etrafına oturduk. Elinde bir değnek vardı ve değnekle yere vurdu. Bir ara başını kaldırdı ve şöyle dedi: *'Allah, sizden nefes alan her bir canın mutlaka cennet ya da cehennemdeki yerini yazmıştır. Mutlaka onun bedbaht mı yoksa bahtiyar mı olduğu yazılmıştır. Saadet ehli olanlar, saadet ehli kimselerin ameliyle amel edecektir. Şekavet (kötü iş) ehli olanlar da şekavet ehli olan kimselerin amelleriyle amel edecektir.'*

Dediler ki: 'Yâ Resûlallah! Öyleyse, niye biz hakkımızda yazılanı kabullenerek amelde bulunmaya bir son vermiyoruz? (Amelin faydası nedir)?'

Bunun üzerine Efendimiz: "Sizler çalışıp amel edin. Çünkü herkes ne için yaratılmışsa o kendisine kolaylaştırılmıştır. Saadet ehlinden olan kimseye saadet ehlinin ameli kolaylaştırılır. Şekavet ehlinden olan kimseye de şekavet ehlinin ameli kolaylaştırılır.' buyurdu ve şu ayeti okudu:

فَاَمَّا مَنْ اَعْطٰى وَاتَّقٰىۙ ﴿٥﴾ وَصَدَّقَ بِالْحُسْنٰىۙ ﴿٦﴾
فَسَنُيَسِّرُهُ لِلْيُسْرٰىۜ ﴿٧﴾ وَاَمَّا مَنْ بَخِلَ وَاسْتَغْنٰىۙ ﴿٨﴾
وَكَذَّبَ بِالْحُسْنٰىۙ ﴿٩﴾ فَسَنُيَسِّرُهُ لِلْعُسْرٰىۜ ﴿١٠﴾

'Onun için kim (elinde bulunandan) verir, Allah'a karşı gelmekten sakınır ve en güzel sözü (kelime-i tevhidi) tasdik ederse, biz onu en kolay olana kolayca iletiriz. Fakat, kim cimrilik eder, kendini Allah'a muhtaç görmez ve en güzel sözü (kelime-i tevhidi) yalanlarsa biz de onu en zor olana kolayca iletiriz.' (Leyl suresi 92:5-10)." (Muslim, Kader, 9, H. No: 2647/1)

Allah'ın Kulları Üzerindeki Hakkı

Allah'ın Resulü, yuları liften yapılmış Ya'fûr isimli merkebine bindi ve *"Haydi Muâz, sen de bin!"* diyerek genç sahâbîyi çağırdı. Muâz, Resûlullah'a rahatsızlık vermeme düşüncesiyle önce binmek istemedi. Ancak Resûlullah binmesi için ısrar edince, Muâz onun terkisine binmeye çalıştı. Ama Muâz'ın binmesiyle huysuzlaşan merkep, silkinerek ikisini de yere düşürdü. Allah'ın Resulü gülerek yerden kalktı, Muâz ise olanlardan kendisini sorumlu tutmuş gibiydi. Kendi kendine kızarak ayağa kalktı. Yeniden binmeyi denediklerinde merkep huysuzluğunu bırakmış, Hz. Peygamber ile Muâz'ı nihayet taşımaya başlamıştı.

Hz. Peygamber elini arkaya doğru uzatarak Muâz'ın sırtına hafifçe dokunup *"Ey Muâz b. Cebel!"* diye seslendi. Muâz tam bir sevgi ve bağlılıkla, "Buyur ey Allah'ın Resulü, emrine amadeyim!" dedi. Bir süre daha gittiler. Resûlullah tekrar, *"Ey Muâz b. Cebel!"* diyerek seslendi. Muâz yine aynı teslimiyetle, "Buyur ey Allah'ın Resulü, emrine amadeyim!" diye cevap verdi. Sonra bir süre daha gittiler. Nebî (s.a.v.) tekrar, *"Ey Muâz b. Cebel!"* diye seslendi. Muâz iyice meraklanmıştı. Allah Resulü'nün diyeceği belli ki önemli bir şeydi. Artan bir merakla tekrar, "Buyur ey Allah'ın Resulü, emrine amadeyim!" dedi.

Bunun üzerine Efendimiz şunları söyledi: *"Muâz, sen Allah'ın kulları üzerindeki hakkının ne olduğunu biliyor musun?"* Muâz her zamanki saygılı tavrıyla, "Allah ve Resulü daha iyi bilir." dedi ve sustu. Sabırsızlıkla Hz. Peygamber'in anlatacaklarını bekliyordu. Resûlullah daha fazla merakta bırakmadan Muâz'a sorunun cevabını verdi: *"Allah'ın kulları üzerindeki hakkı, kulların Ona kulluk ve ibadet etmeleri ve hiçbir şeyi Ona ortak koşmamalarıdır."*

Hz. Peygamber ve genç sahâbî bir süre daha merkep üzerindeki yolculuklarına devam ettiler. Sonra Hz. Peygamber yine *"Ey Muâz b. Cebel!"* diye seslendi. Muâz "Buyur ey Allah'ın Resulü, emrine amadeyim!" diyerek cevabını yineledi. Resûlullah, *"Peki kulların Allah üzerindeki hakkının ne olduğunu biliyor musun?"* diye sordu. Muâz, "Allah ve Resulü daha iyi bilir." diyerek cevabı beklemeye başlamıştı. Resûlullah, *"Allah'a kulluk etmesi ve Ona ortak koşmaması hâlinde kuluna azap etmemesi ve onu cennete koymasıdır."* sözleriyle müjdeli haberi verdi. (Buhârî, H. No: 2856, Cihâd, 46)

Mükellef ve Görevleri

Mükellef Kimdir? Mükelleflik Nedir?

Dinî manada mükelleflik, Allah'ın kulunu bir ibadeti yapma veya bir işi yapmama hususunda yükümlü tutmasıdır. Dinî anlamda yükümlülük, sorumluluk üstlenmiş kişiye ise mükellef denir. "Namaz kılın!" denildiğinde namazı kılmak mükellefin görevidir. "Zulüm etmeyin!" denildiğinde, zulmetmemek de mükellefin görevidir. O hâlde, Allah'ın emir ve yasaklarından sorumlu olan kişiye mükellef denir. İslam'a göre bir kişinin mükellef olabilmesi için, o işi yapabilecek güç ve imkâna sahip olması lazımdır. Mükellef olmak için önce baliğ (ergenlik çağına girmiş) olma şartı vardır. Sonra akil (aklı yerinde) olma şartı gelir. Daha sonra ise zaman, mekân veya kişinin kendisi ile kayıtlı bazı özel durumlar söz konusu olabilir. Mesela hasta olan bir kimse oruç tutmakla yükümlü olmaz. Fakat hastalığı geçince tutamadığı orucu kaza eder.

Efâl-i Mükellefîn

Efâl: Fiiler, ameller, işler demektir. Yükümlü (mükellef) olan kişilerin yükümlü oldukları konulardaki sorumluluklarının derecelerini bildirir.

Farz

Mükelleften yapılması kesin olarak istenen fiil, amel demektir. Ramazan ayında oruç tutmak, günün beş vaktinde belirlenen namazların kılınması farzlara örnektir. Bu amellerin yapılması çok açık bir şekilde ya doğrudan Kur'ân-ı Kerîm'de bildirilmiş ya da Peygamber Efendimiz tarafından uygulamaya konulmuştur. Farzların yerine getirilmemesi, Allah'ın cezasını gerektirir.

Farz ibadetler yerine getirilirken de birtakım farzlar söz konusu olur. Mesela namazın kendisi farz olduğu gibi kıyam dediğimiz şekli ile ayakta durmak ve Kur'an'dan ayet veya ayetler okumak da (kıraat) farzdır. Farzlar, herkese mecburi olmaları ve bir veya birkaç kişinin yerine getirmesi ile eda edilmeleri bakımından farz-ı ayn ve farz-ı kifâye olmak üzere iki kısma ayrılır.

Farz-ı Ayn: Her mükellefin tek tek kendi başına sorumlu olduğu farzlardır. Edası farz olan 5 vakit namazın kılınması, ramazan orucunun tutulması ve haramlardan kaçınılması gibi.

Farz-ı Kifâye: Mükelleflerden bazılarının yapması ile, diğer mükelleflerden sorumluluğun düştüğü farzlardır. Örneğin cenaze namazı kılmak farzdır. Ama cenaze namazını bir kişi bile kılsa bu sorumluluk diğer Müslümanlardan kalkar. Kur'ân-ı Kerîm'in hıfzedilmesi de böyledir.

Vacip

Vacip, kelime olarak farz ile aynı manaya gelir. Yapılması mecburi olan amelleri ifade etmek için kullanılır.

Ama Hanefî mezhebine göre, yapılması istenen amelin kesin bir emirle bildirilmemiş olması durumunda o amel vacip olur. Kesinlik muhatabın belli olması, yer, zaman ve miktar gibi tamamlayıcı unsurların da açıkça beyan edilmiş olmasını gerektirir. Mesela kurban kesmek, vitir namazı kılmak, fıtır sadakası (fitre) vermek gibi ameller Hanefî mezhebinde vacip emirler hükmündedir. Bunun nedeni ise emrin tam kesinlik ifade etmemesidir. Kurban kesme örneğini ele alalım: Hanefîler Kevser suresindeki kurban emrinin kesin olmadığı kanaatindedir. Kevser suresinde şöyle buyurulmaktadır:

إِنَّا أَعْطَيْنَاكَ الْكَوْثَرَ ۝١ فَصَلِّ لِرَبِّكَ وَانْحَرْ ۝٢

إِنَّ شَانِئَكَ هُوَ الْأَبْتَرُ ۝٣

"(Ey Resulüm!) Şüphesiz biz sana Kevser'i verdik. O hâlde Rabbin için namaz kıl, kurban kes. Doğrusu sana buğzeden, soyu kesik olanın ta kendisidir." (Kevser suresi, 108:1-3) Burada kurban kes manası verilen "ve'nhar" kelimesi aslında, tam olarak kurban kesme anlamında değildir; hayvan boğazlama şekillerinden birisidir. Ayrıca bu ayetin indiği zamanda Peygamberimiz her sene kurban kesmemiş, Medine'ye gelince kesmiş ve ashabına kurban kesmeyi Medine'de emretmiştir. Dolayısıyla Hanefîlerce kurban kesmek farz değil, vaciptir. Peygamber Efendimizin kurban kesmedeki uygulama ve emirleri de farziyet göstermemektedir. Fakat, vacibin terki de mümkün değildir.

Sünnet

Genel manası ile sünnet Peygamber Efendimizin söz, fiil ve onaylarının ortak adıdır. İslam dininde delillerin ikincisidir.

Mükelleflerin amelleri bakımından ise, farz yahut vacip derecesinde olmasa da dinen yapılması istenen fiillerdir. İlk cümledeki manası ile bağlantılı olarak sünnet, Resûlullah'ın sürekli olarak yaptığı ve herhangi bir özür bulunmadan terk etmediği, ashabını da serbest bıraktığı amellerdir. Farz namazlardan önce veya sonra kılınan sünnet namazlar bunun en iyi örneğini teşkil eder.

Sünnet ikiye ayrılır:

Sünnet-i Müekkede: Peygamberimizin mazeretlere bağlı olarak çok az terk ettiği amellerdir. Sünnet-i mükeddeye aynı zamanda sünnet-i hüdâ da denir. Sünnet-i hüdâ, doğru yola götüren sünnet demektir. Cemaatle namaz kılmak, ezan okumak, kamet getirmek gibi. Bu sünnetleri terk etmek günah olmasa da kınamayı gerektirir. Kişi olarak bu sünnetler bazen terk edilebilir. Ama cemaat hâlinde terk edilemezler. Bu sünnetleri yerine getirmek doğru yolu gösterdiği için, tamamıyla terk edilmesi dalalet, yani yoldan ayrılma anlamına gelir.

Sünnet-i Gayr-i Müekkede: Peygamberimizin mazerete bağlı olsun ya da olmasın, müekked sünnetlere oranla biraz daha fazla terk ettiği amellerdir. İkindi ve yatsı namazlarının ilk sünnetleri ve farz ya da vacip olmayan sadakaları ödemek gibi. Bu amelleri yapanlar sevap ve Allah katında övgüye layık olur. Yapmayanlar, kınanmazlar.

Ancak, gayr–i müekked de olsa Allah Resulü'nün sünneti hidayete götürücü olduğu için, gayr–i mükked sünnetler de tamamıyla terk edilemezler.

Nafile

Farz ve vacip niteliğinde olmayan ibadetlerdir. Manası, ilave ve fazlalık demektir. Dinen farz ve vacip olmadığı hâlde bir Müslüman'ın daha fazla sevap kazanmak için yaptığı ibadetlerdir. Nafile ibadetlere sünnet ibadetler de denmiştir. Ancak, sünnet ibadetler, genel olarak yapanın sevap kazanacağı, yapmayanın cezalandırılmayıp kınanacağı ibadetlerdir. Nafile ise, yapanın sevabı hak edeceği, yapmayanın ise cezalandırılmayacağı ve kınanmayacağı ibadetlere denir. Yani sünnetin terkinde kınama vardır, nafilenin terkinde kınama yoktur.

Nafile kelimesi bugünün Türkçesinde "işe yaramayan, gereksiz" gibi anlamlarda da kullanılır. Burada dinî literatür ile Türkçedeki kullanım arasında bir uyumsuzluk olduğu görülmektedir. Nafile kelimesine Türkçede verilen bu mananın tam aksine, nafile ibadetler kişinin kendi iradesi ile Allah'a yaklaşma teşebbüsü olması bakımından çokça sevap kazanmaya vesile olur, asla gereksiz ve faydasız olarak telakki edilemez.

Fıkıh ilminde, bazen nafileler sünnet içinde değerlendirilmiştir. Bu değerlendirme, nafilenin önemini ortaya koymaktadır. Tesbih, kuşluk, teheccüd, tahiyyatu'l-mescid, evvâbîn namazı gibi namazlar nafile ibadetlerdendir. Şu hadîs-i şerifte nafilenin önemine dikkat çekilmiştir:

عَنْ أَبِي هُرَيْرَةَ قَالَ: قَالَ رَسُولُ اللَّهِ ﷺ إِنَّ اللَّهَ قَالَ مَنْ عَادَى لِي وَلِيًّا فَقَدْ آذَنْتُهُ بِالْحَرْبِ، وَمَا تَقَرَّبَ إِلَيَّ عَبْدِي بِشَيْءٍ أَحَبَّ إِلَيَّ مِمَّا افْتَرَضْتُ عَلَيْهِ، وَمَا يَزَالُ عَبْدِي يَتَقَرَّبُ إِلَيَّ بِالنَّوَافِلِ حَتَّى أُحِبَّهُ، فَإِذَا أَحْبَبْتُهُ كُنْتُ سَمْعَهُ الَّذِي يَسْمَعُ بِهِ، وَبَصَرَهُ الَّذِي يُبْصِرُ بِهِ، وَيَدَهُ الَّتِي يَبْطُشُ بِهَا وَرِجْلَهُ الَّتِي يَمْشِي بِهَا، وَإِنْ سَأَلَنِي لَأُعْطِيَنَّهُ، وَلَئِنِ اسْتَعَاذَنِي لَأُعِيذَنَّهُ

Ebû Hureyre (r.a.) Resûlullah (s.a.v.)'in şöyle buyurduğunu rivayet etmiştir: *"Allah Teâlâ buyurdu ki: 'Kim Benim bir dostuma (veli kuluma) düşmanlık ederse Ben ona savaş açarım. Kulum Bana kendine farz kıldığım amellerden daha sevimli bir amelle yaklaşamaz. Kulum nafile amellerle bana yaklaşmaya devam ederse, sonunda Ben o kulumu severim. Onu sevdiğim zaman da onun duyan kulağı, gören gözü, tutan eli, yürüyen ayağı olurum. Benden bir şey istediğinde istediğini veririm, Bana sığındığı zaman kendisini korurum.'"* (Buharî, Rikâk, 38. H. No: 6052)

Helal

Dinin izin verdiği, yani yapılması dinen serbest olan ve yasaklanmamış fiillere helal denir. İşlendiğinde mükellefi herhangi bir mesuliyet altında bırakmayan ama sevap kazandıran amellerdir. Helalin karşıtı haram veya mekruhtur. Dolayısıyla helal; haram veya mekruh olmayan anlamına da gelir.

Üzüm yemek ve üzüm şırası içmek, üzüm şırasından sirke yaparak yemek helaldir. Ancak üzümün mayalanıp şarap hâline getirilmesi ve bu şarabın içilmesi haramdır. Üzüm yemek ve şırasını içmek hususunda mükellef serbesttir. Yani helal, farz olmadığı hâlde yapılmasına mutlak izin verilmiş olan şey demektir.

Mübah

Yapıp yapmamakta mükellefin dinen serbest bırakıldığı fiillerdir. Yasaklanmamıştır ama yapılması da emredilmemiştir. Mükellef bu konuda serbest bırakılmıştır.

Helal gibi olsa da mübahın manası biraz daha kısıtlıdır. Şöyle ki: Helal, yapılmasında dinen kesin serbestlik bulunan fiillerdir. Ancak, mükellef olan hiç kimse bu amellerin dışına çıkamaz. Mübahta ise her mükellef bu fiili işlemeye mecbur değildir. Et örneğinden hareket edersek, et yemek mübahtır. Dolayısıyla mükellefler et yiyip yememekte serbesttir. Etin mübah oluşu, helal olmasından dolayıdır. Bu yüzden kimi fıkıhçılar mübah ile helalin aynı olduğunu söyleseler de helal mükellefi bazen mecbur tutar.

Mübah ise mükellefi zorlamayan, ama yapmasına müsaade edilen şey demektir.

Yapıldığında bir günahın veya cezanın gerekli olmadığı fiiller için caiz terimi de kullanılır. Caiz, kişinin yapma ya da yapmama hususunda serbest bırakılmasını ifade eder. Genel olarak bu terim, amellerin şeriata uygun olduğunu bildirmek için kullanılır. Fıkıh kitaplarında, helal ve mübah ile eş anlamlı olarak da kullanılmıştır.

Mekruh

Din tarafından kesin bir şekilde yasaklanmamış olmasına rağmen, yapılması istenmeyen amellerdir. Daha doğrusu haram olduğunda şüphe bulunan amellerdir.

Aslında mekruh diye bilinen bir amel kötüdür. Ancak, haram kadar açık bir şekilde yasaklanmamıştır. Mekruh kabul edilen bir fiili işleyen bir Müslüman bu davranışı sebebiyle kınanır. Mekruhları Allah rızası için terk eden kimse ise övülür.

Hanefî mezhebine göre mekruh, dereceleri bakımından ikiye ayrılır:

Tahrîmen Mekruh: Harama çok yakın bir mekruhtur. Dinen yasaklanmış olan bir iştir. Fakat bu yasağın delili kati olmayıp zannî olduğu için buna tahrîmen mekruh denir. Peygamberimizden haber-i vâhid şeklinde, yani sadece bir veya birkaç kişinin rivayet ettiği hadislerde bildirilen hükümler de böyledir. Örnek olarak şu hadisi zikredebiliriz:

إِنَّ رَسُولَ اللَّهِ ﷺ قَالَ الْمُؤْمِنُ أَخُو الْمُؤْمِنِ فَلاَ يَحِلُّ لِلْمُؤْمِنِ أَنْ يَبْتَاعَ عَلَى بَيْعِ أَخِيهِ

"Mümin müminin kardeşidir. Mümine kardeşinin alışverişi üzerine alışveriş teklifinde bulunması helal olmaz." (Muslim, Nikâh 6. H. No: 1414)

Tenzîhen Mekruh: Yasaklamanın çok kesin olmadığı yasaklardır. Soğan veya sarmısak kokusu ile camiye, cemaate girmek gibi ameller tenzihen mekruha örnek olarak verilebilir.

Haram

Yapılması din tarafından kesinlikle yasaklanan fiillerdir. Haram; yasak, yasaklanan şey manasındadır. İçki içmek, zina etmek, adam öldürmek gibi.

Haram fiillere günah da denmektedir. İlahî emir ve yasaklara aykırı fiil ve davranışların tümü haramdır.

Haramlar ibadetlerin içinde yer alan bir fiil olduğunda o ibadeti bozar. Mesela namaz kılarken bir başkası ile konuşmak, oruç tutarken su içmek gibi. Bu ameller kendi başına helal işlerdir. Fakat zikredilen bu fiillerin ibadet esnasında işlenmesi haram olur ve işlendiği takdirde ibadetin kendisi ifsat olmuş olur.

Taharet (Temizlik)

Taharet Ne Demektir?

Temizlik hem insan sağlığı hem de ibadetlerin yerine getirilmesi açısından İslam'da önemli bir konuma sahiptir. Türkçede temizlik ve temizlenmek olarak iki manada da kullanılan taharet, manevi veya maddi kirliliği ve pisliği gidermek, ortadan kaldırmak, yani temizlenmek manasına gelmektedir.

Taharet iki şekilde olur. Birincisi, gözle görülmeyen ve elle dokunulamayan, ama dinin su ile temizlenmesini istediği hâllerdir. Bu tür kirliliklere manevi kirlilik denmektedir. Manevi kirliliğe hükmi kirlilik de denir. Manevi kirlilik hades olarak bilinir ki, bunun temizlenmesine hadesten taharet denir.

Kirliliğin ikincisi ise maddi kirliliktir. Maddi kirliliğe necaset denir. Bu kirlilikten temizlenmeye de necasetten taharet denir.

Hades, yani manevi kirlilik hâlleri abdestsizlik, cünüplük ile ayrıca kadınlar için hayız ve nifas hâlleridir. Bunlardan temizlenmek hadesten taharettir. Abdestsizlik, abdest alınarak, diğer hâller de gusül yapılarak temizlenmiş olur.

Necaset ise, insan ile hayvan dışkısı, idrarı ve kanı gibi İslam dininin pis saydığı maddelerdir. Vücut, elbise ve namaz kılınacak yerin bu pis sayılan şeylerden temizlenmesi lazımdır. En iyi temizleyici sudur. Suyun etkisini artırmak için de sabun kullanılabilir. Ateş ve temiz toprak da temizleyicidir. Ancak, ateşin kullanılması uzmanlık ister.

Abdest

Abdest, öncelikle namaz kılmak için temizlenmektir. Kur'an okumak, ihrama girmek ve tavaf yapmak için de abdest alınır. Abdestsiz namaz kılmak geçersizdir. Tavaf yaparken de abdestli olunmalıdır. Hanefî mezhebine göre bu vaciptir. Diğer mezheplerde tavaf mutlaka abdestli yapılmalıdır.

Abdest temiz su ile yapılır. Önce eller yıkanır, ağız ve burun temizlenir. Yüzler de yıkandıktan sonra, sağ koldan başlanıp kollar dirseklere kadar yıkanır. Başın dörtte biri mesh edilir. Kulakların içi ve kulak arkaları ile boyun da mesh edilir. Sonra da sağ ayaktan başlayarak ayaklar topuklara kadar yıkanır. Abdest ayet ile farz kılınmıştır:

يَٓا اَيُّهَا الَّذ۪ينَ اٰمَنُٓوا اِذَا قُمْتُمْ اِلَى الصَّلٰوةِ فَاغْسِلُوا
وُجُوهَكُمْ وَاَيْدِيَكُمْ اِلَى الْمَرَافِقِ وَامْسَحُوا بِرُؤُ۫سِكُمْ
وَاَرْجُلَكُمْ اِلَى الْكَعْبَيْنِۜ

"Ey inananlar! Namaza kalktığınızda yüzlerinizi, dirseklere kadar kollarınızı yıkayın, başlarınızı mesh edin ve topuklara kadar ayaklarınızı yıkayın." (Mâide suresi, 5:6)

Abdestin farzları, yani mutlaka yapılması gerekenleri şunlardır:

1. Elleri ve kolları dirseklere kadar yıkamak
2. Yüzü yıkamak
3. Başı mesh etmek
4. Ayakları topuklara kadar yıkamak.

Abdeste besmele ile başlamak, ağza ve buruna su vererek temizlemek, kulak ve boynu mesh etmek ile farz sırasına uymak ise sünnettir.

Abdesti Bozan Şeyler

Hanefî mezhebini baz alarak özetleyecek olursak, abdesti bozan şeylerin başında idrar ve dışkı yollarından idrar, dışkı, meni ve kan gibi pis sayılan şeylerin çıkması gelir. Yellenmek de abdesti bozar. Vücudun herhangi bir yerinden kan, irin veya herhangi bir maddenin çıkması da abdesti bozar. Fakat kan akmaz veya çıktığı yerin çevresine dağılmazsa, abdest bozulmaz. Ağız dolusu kusmak da abdesti bozar. Kusulan şey ister yemek, ister safra veya kan olsun, abdest bozulur.

Ayrıca şu durumlarda da abdest bozulur:

1. Yatarak derin uykuya dalmak

2. Namaz kılarken, başkalarının duyabileceği şekilde sesli olarak gülmek

3. Cinsî münasebette bulunmak

4. Su bulamadığı için teyemmüm edildikten sonra suyun bulunması

5. Ayaklara giyilen mestin süresinin dolması.

Gusül

Cünüplük, hayız ve nifas gibi manevi kirliliklerden temizlenmek için yapılan taharete gusül denilir. Gusül abdesti bizim dil ve kültür dünyamızda boy abdesti olarak da isimlendirilir. Gusül, ağız ve burun dâhil olmak üzere, bedenin tamamının yıkanması ile yapılır. Cuma ve bayram günlerinde gusletmek sünnettir.

Gusül için önce niyet edilir. Gusle başlarken niyet etmek sünnettir. Daha sonra ağız ve buruna su verilerek ağız ve burun temizlenir. Ağız temizliğine "mazmaza", burun temizliğine de "istinşak" denir. Sonra da vücudun tamamı yıkanır.

Gusül Kur'an'da emredilmiş, Peygamberimiz tarafından da Müslümanlara tebliğ edilmiştir. Kur'an'da yukarıda belirtilen abdest ayetinin devamında şöyle buyurulur:

وَاِنْ كُنْتُمْ جُنُبًا فَاطَّهَّرُواۜ

"Eğer cünüp iseniz iyice yıkanarak temizlenin!" (Mâide suresi, 5:6)

Gusül alınınca normal abdestli gibi olunur ve bununla namaz kılınabilir, Kur'an okunabilir.

Guslün farzı üçtür:

1. Ağzı yıkamak (mazmaza)

2. Burnu yıkamak (istinşak)

3. Bütün bedeni yıkamak.

Teyemmüm

Suyun ve suya ulaşmanın mümkün olmadığı, dolayısıyla abdest alınamadığı veya gusül yapılamadığı zamanlarda, abdest veya guslün yerine geçecek temizlenmeye teyemmüm denir. Ayrıca, su değen yerlerin zarar görmesi gibi hastalık sebebiyle de abdestten kaçınılıp teyemmüm alınır. Abdest ve gusül ayetinde şöyle buyurulur:

وَاِنْ كُنْتُمْ مَرْضٰٓى اَوْ عَلٰى سَفَرٍ اَوْ جَٓاءَ اَحَدٌ مِنْكُمْ
مِنَ الْغَٓائِطِ اَوْ لٰمَسْتُمُ النِّسَٓاءَ فَلَمْ تَجِدُوا مَٓاءً فَتَيَمَّمُوا
صَعِيدًا طَيِّبًا فَامْسَحُوا بِوُجُوهِكُمْ وَاَيْد۪يكُمْ مِنْهُۜ
مَا يُر۪يدُ اللّٰهُ لِيَجْعَلَ عَلَيْكُمْ مِنْ حَرَجٍ وَلٰكِنْ يُر۪يدُ
لِيُطَهِّرَكُمْ وَلِيُتِمَّ نِعْمَتَهُ عَلَيْكُمْ لَعَلَّكُمْ تَشْكُرُونَ ﴿٦﴾

"Hasta olursanız veya seferde bulunursanız veya biriniz abdest bozmaktan (def-i hacetten) gelir veya kadınlara dokunur (cinsel ilişkide bulunur) da su bulamazsanız, o zaman temiz bir toprağa yönelin. Onunla yüzlerinizi ve ellerinizi mesh edin (Teyemmüm edin). Allah size herhangi bir güçlük çıkarmak istemez. Fakat o sizi tertemiz yapmak ve üzerinizdeki nimetini tamamlamak ister ki şükredesiniz." (Mâide suresi, 5:6)

Teyemmüm, temiz toprak yahut toprak cinsinden bir maddeye elleri sürerek, yüzü ve iki kolu mesh etmektir.

Taş, toprak veya bunların cinsinden şeylere veya betona elleri vurarak teyemmüm yapılır.

Teyemmümün farzı ikidir:

1. Teyemmüme niyetle başlanır.

2. Elin iç tarafı iki kere toprağa veya toprak cinsinden bir şeye vurulduktan sonra yüze sürülür. Daha sonra da aynı işlem tekrar edilerek kollar dirseklere kadar mesh edilir.

Teyemmüm, abdest ve guslün bozulması gibi bozulur. Ayrıca, teyemmümü caiz kılan hâllerin ortadan kalkması, mesela su bulunması veya suya dokunmayı engelleyen hastalığın tedavi olması ile de teyemmüm bozulmuş olur.

Mesh

Bir şeyin elle silinmesi, elle sıvazlanması anlamına gelen mesh, dinî konularda abdest ve teyemmüm ile ilgilidir.

Abdest alınırken baş, kulak, kulak arkası ve boyunlar ıslak ellerle silinir. Diğer azalar gibi yıkanmaz. Bu her zaman yapılan bir uygulamadır. Bir de hastalık sebebiyle, normalde yıkanması gereken organlar sarılı ise, o sargıların ıslak elle mesh edilmesi söz konusudur. Bu şekilde abdest geçerli olur.

Teyemmüm ederken toprağa vurulan eller, yüz ve kollar üzerinde sıvazlar gibi gezdirilir. Bu da mesh sayılır.

Öte yandan, ayaklara giyilen ve mest denilen ayak örtüleri de kendine has bir şekilde mesh edilir. Mestler genellikle deriden yapılır. Topuklardan itibaren ayakları tamamıyla örter. Bu kısım abdestte ayağın yıkanacak olan kısmıdır. Mest, içine su geçirmemelidir ve yere konulduklarında dik durabilecek sağlamlıkta olmalıdır. Parmakların çıkacağı kadar büyük deliği olmamalıdır.

Mest, abdestli olarak giyilir. Bir mest üzerine en fazla üç gün üç gece yani 72 saat mesh yapılabilir. Bu süre yolcular içindir. Mukim kimseler için ise bir gün bir gece, yani 24 saattir. Bu süre dolunca mest çıkarılır, normal abdest alınır ve mestler tekrar giyilir.

Çorap ve Ayakkabılara Mesh

Mestler üzerine giyilmiş çizme veya çizmeye benzeyen ayakkabılara da mesh yapılır. Çizme ya da ayakkabılar necasetten temiz olmalıdır. Bugün bildiğimiz ve genel olarak giydiğimiz çoraplara mesh yapılmaz. Ancak kalın, altına kösele veya plastik gibi dayanıklı madde eklenmiş, keçe gibi kalın ve suyu hemen geçirmeyen çoraplar ile varis çoraplarına mesh yapılır.

Hanımlara Ait Hâller

Hayız

Hayız, ergenlik çağına gelmiş hanımlarda görülen aylık kanamalardır ki buna âdet kanaması da denilir. Hayızlı kimse namaz kılmaz, oruç tutmaz. Ders yapmak amacıyla Kur'an okuyabilir, dua edebilir. Hayızlı kimseler kılmadıkları namazları kaza etmezler, ancak ramazanda hayız sebebiyle tutmadıkları orucu kaza ederler.

Hayız süresi kişiden kişiye farklılık gösterebilir. Bunun için her hanım kendi süresini tespit etmelidir. Hanefî âlimler en kısa hayız süresinin geceli gündüzlü 3 gün, en uzun hayız süresinin de tam 10 gün olduğunu bildirmişlerdir. 3 günden az ya da 10 günden çok gelen kanlar ise hayız kanı sayılmazlar. Bu kanlara istihâze kanı, yani hayıza benzeyen kan denir. Bu kan sadece abdesti bozar. Dolayısıyla istihâze kanı olan hanımlar ibadetlerine her namaz için abdest alarak devam ederler. Oruç da tutarlar. Hayız süresi bitince gusül abdesti alarak temizlenen kimse ibadetlerini yapmaya devam edebilir.

Nifas Kanı

Hanımlardan doğum sonrasında gelen kana nifas kanı denilir. Türkçede buna lohusalık kanı da denilir. Bu kan geldiği müddetçe, hayızlı kadınlarda olduğu gibi namaz kılamaz, oruç tutamaz. Onun için, nifas kanı süresinin bilinmesi lazımdır.

Doğum sonrasında kanın ne kadar süre devam edeceği bilinmemektedir. Çok az da olsa bazı hanımlarda kan çok erken kesilmekte, bazılarında ise uzun süre devam etmektedir. Bu yüzden âlimler, nifas kanının en az süresini değil de en uzun süresini tespit etmişlerdir. Buna göre en uzun nifas kanı süresi, yani lohusalık süresi 40 gündür. 40 günden uzun sürerse bu kana da istihâze kanı denir. Nifas/lohusalık süresi bitince gusül abdesti alınır ve artık ibadetlere başlanır.

Namaz

Namazın Farz Oluşu

İslam dininin en önemli ibadeti namazdır. Namaz, hicret öncesinde, Miraç Gecesi'nde farz kılınmıştır. Peygamber Efendimiz tarafından İslam'ın beş şartından birisi olarak bildirilmiştir. Günde beş ayrı vakitte kılınır.

İslam'ın ilk dönemlerinde namaz beş vakit değildi. Sabah ve akşam olmak üzere iki kez namaz kılınırdı. Daha sonra nazil olan ayetler ve Allah Resulü'nün uygulaması ile namazlar günde 5 vakit olarak kılınmaya başlanmıştır. Cebrail (a.s.) da iki gün Peygamber Efendimize namaz kıldırarak namazın vakitlerini bildirmiştir. Nisâ suresinin 103. ayeti namazın belirlenmiş vakitlerde kılınacağını ortaya koymuştur:

اِنَّ الصَّلٰوةَ كَانَتْ عَلَى الْمُؤْمِنِينَ كِتَابًا مَوْقُوتًا ﴿١٠٣﴾

"Muhakkak ki namaz müminlere belirli vakitlerde yazılı bir farzdır."

Vakitler ile ilgili olarak da şöyle buyurulur:

اَقِمِ الصَّلٰوةَ لِدُلُوكِ الشَّمْسِ اِلٰى غَسَقِ الَّيْلِ وَقُرْاٰنَ الْفَجْرِۜ اِنَّ قُرْاٰنَ الْفَجْرِ كَانَ مَشْهُودًا ﴿٧٨﴾ وَمِنَ الَّيْلِ فَتَهَجَّدْ بِه۪ نَافِلَةً لَكَۗ عَسٰٓى اَنْ يَبْعَثَكَ رَبُّكَ مَقَامًا مَحْمُودًا ﴿٧٩﴾

"Güneşin batıya kaymasından, gecenin karanlığına kadar (belirli vakitlerde) gereği üzere namazı kıl, bir de sabah namazını kıl. Çünkü sabah namazında, gece ve gündüz melekleri hazır bulunur. Gecenin bir kısmında da sadece sana mahsus bir nafile olmak üzere uykudan kalk, Kur'an ile teheccüd namazı kıl, Rabbinin seni bir makam-ı mahmuda (şefaat makamına) göndermesi kesindir." (İsrâ suresi: 17:78-79)

Hûd suresinde ise şu şekilde anlatılmıştır:

وَاَقِمِ الصَّلٰوةَ طَرَفَيِ النَّهَارِ وَزُلَفًا مِنَ الَّيْلِۜ اِنَّ الْحَسَنَاتِ يُذْهِبْنَ السَّيِّـَٔاتِۜ ذٰلِكَ ذِكْرٰى لِلذَّاكِر۪ينَۚ ﴿١١٤﴾

"Gündüzün her iki tarafında ve gecenin saçaklarında (gündüze yakın olan saatlerinde) namaz kıl! Muhakkak ki, iyilik kötülükleri giderir. Bu ise, düşünebilenlere bir öğüttür." (Hûd suresi, 11:114)

Namazın her bir bölümüne rekât denir. Tekbir alınıp rükû ve secdelerin tamamlanması ile bir rekât tamamlanmış olur. Sonra diğer rekâtlara geçilir.

Namaz, akil ve baliğ olmuş her Müslüman'a farzdır.

Namazın Çeşitleri

Namaz deyince aklımıza ilk önce, günde 5 ayrı vakitte kıldığımız namazlar gelir. Bu namazların bir kısmı farz namazlardır. 5 vakit haricinde de farz namaz vardır ki, cuma namazı bu namazlar arasındadır. Namazlar genel olarak farz ve nafile namazlar diye ayrılır. Ancak Hanefî mezhebinde bir de vacip namazlar vardır. Bu ayrım, mezheplerin kendi kurallarına göre yaptıkları ayırımdır. Çünkü Hanefî mezhebi ile diğer mezheplerin vacip ve sünnet tanımlaması farklıdır.

Farz Namazlar

Sabah, öğle, ikindi, akşam ve yatsı olmak üzere günde 5 ayrı vakitte kılınan namazlar farz namazlardır. Farz namazların camilerde cemaat olarak kılınması efdaldir. Bu farzların namazlara göre rekâtları şöyledir:

1. Sabah namazı: 2 rekât
2. Öğle namazı: 4 rekât
3. İkindi namazı: 4 rekât
4. Akşam namazı: 3 rekât
5. Yatsı namazı: 4 rekât.

Cuma günü cuma namazı kılanlar ise iki rekât farz namaz kılarlar. Cuma namazının vakti öğle namazının vakti olduğu için ayrıca öğle namazı kılınmaz.

Cenaze namazı da farz namazlardandır. Ancak cenaze namazı daha önce belirttiğimiz gibi farz-ı kifâyedir. Yani bir veya birkaç kişinin cenaze namazını kılması ile diğer mükelleflerden sorumluluk kalkar. Ayrıca cenaze namazının rükû ve secdeleri yoktur.

Vacip Namazlar

Hanefî mezhebine göre, yatsı namazı sonrasında kılınan 3 rekâtlık vitir namazı vacip namazdır. Ayrıca Ramazan ve Kurban bayramlarında kılınan 2 rekâtlık bayram namazları da vacip namazlardır. Diğer mezhepler bu namazlara sünnet namazları derler.

Nafile Namazlar

Farz veya vacip namazların haricinde kılınan tüm namazlara nafile namazlar denir. Sünnet namazlar da buna dâhildir.

Fıkıh terimi olarak, sünnet ve nafile arasında derece bakımından fark olsa dahi fıkıhçılar, farz ve vacip namazlar haricindeki tüm namazları nafile namazlar olarak tarif etmişlerdir. Yani nafile namazlar denildiğinde, bir üst kategori anlaşılmaktadır. Nafile namazlar daha sonra alt kategori olarak sünnet ve tekrar nafile olmak üzere ikiye ayrılırlar. Dolayısıyla nafile namazlar denildiğinde buna sünnet namazlar da dâhil olur. Böyle olunca, sevap ve mecburiyet yönüyle farklılık arz eder.

Sünnet namazların en çok bilinenleri, farz namazların öncesinde ve sonrasında kılınan sünnet namazlardır. Bu sünnet namazlar, farz namazlara tabidirler. Yani o vakitte, farzdan önce veya farzdan sonra kılınırlar. Cuma namazı öncesi ve sonrasında kılınan sünnet namazlar da buna dâhildir.

Bizim nafile diye bildiğimiz namazlar teheccüd, kuşluk, istihâre, evvâbîn, tahiyyetü'l-mescid , hacet, güneş ve ay tutulduğunda kılınan küsûf ve hüsûf namazlarıdır. Nafile namazlar genelde 2 rekât kılınırlar.

Vakitlere bağlı sünnet namazların rekâtları şöyledir:

1. Sabah namazının farzından önce 2 rekât

2. Öğle namazının farzından önce 4 rekât, farzdan sonra 2 rekât

3. İkindi namazının farzından önce 4 rekât

4. Akşam namazının farzından sonra 2 rekât

5. Yatsı namazının farzından önce 4 rekât, farzdan sonra 2 rekât.

Ulema, sünnet namazları "sünnet-i müekkede" (Peygamberimizin sıklıkla yaptığı) ve "sünnet-i gayr-i müekkede" (Peygamberimizin biraz daha az sıklıkla yaptığı) diye ikiye ayırır. Sabah namazından önceki 2 rekâtlık sünnet en güçlü sünnet-i müekkededir. Bu namaz ile ilgili olarak Hz. Âişe (r. anha)'dan şöyle rivayet edilmiştir:

"Allah Resulü (s.a.v.) buyurdu ki: *'Sabah namazının iki rekâtı dünyadan ve dünyada olanların hepsinden daha hayırlıdır.'*" (Tirmizî, Salat, 190, H. No: 416)

Müekked sünnet namazları arasında, ramazan ayında kılınan teravih namazı da vardır. Teravih namazı ileride anlatılacaktır.

Yatsı ve ikindi namazının farzından önce kılınan 4 rekât sünnet namazlar ise sünnet-i gayr-i müekkede olan namazlardır. Yani bu namazları Peygamber Efendimiz bazen kılmamıştır.

Bunlar haricinde, akşam namazının 2, yatsının son 2, öğle namazının ilk 4 ve son 2 rekâtlı sünnetleri de sünnet-i müekkede olan namazlardır. Cuma namazı öncesi ve sonrasında kılınan 4 rekâtlı iki sünnet namaz da sünnet-i müekkededir.

Nafile namazlar belli bazı vakitlerde kılınmazlar. Bu vakitler şunlardır:

1. Sabah namazının farzından sonra güneş doğana kadar

2. İkindi namazının farzından sonra güneş batıncaya kadar

3. Akşam namazının farzından önce

4. Bayram namazlarından önce

5. Sabah namazının farzı haricinde diğer farz namazlara kamet getirilirken

6. Yalnız farz kılınacak kadar vakit daraldığında.

Namazın Şartları

Kıldığımız namazın mutlaka yerine getirilmesi gereken unsurları vardır ki bunlara namazın şartları diyoruz. Bu şartlar iki kısımdır. Birinci kısım, namaz öncesinde yerine getirilmesi gereken şartlardır. Aslında bu şartlar doğrudan namaz ile bağlantılı değildir. Ancak, bunlar olmadan da namaz olmaz. Bu kısma "namazın dışındaki şartlar" diyoruz.

İkinci kısım ise bizzat namaz kılarken yapılması gerekenlerdir. Bunlara da "namazın içindeki şartlar" veya, "namazın rükünleri" de denmektedir.

Namazın Dışındaki Şartlar

Tekbir getirip namaza başlamadan önce yapılması gereken 6 şart vardır. Bunlar; hadesten taharet, necasetten taharet, setr-i avret, istikbal-i kıble, vakit ve niyettir.

1. Hadesten Taharet: Hades manevi kirlilik hâlidir. Dolayısıyla cünüplük gerçekleşmişse ya da kadınlar için ayrıca âdet veya lohusalık hâlinin bitmesi söz konusu ise gusül alınması, abdest bozulmuş ise de abdest alınması gerekir.

2. Necasetten Taharet: Maddi pisliklerden temizlenmektir. Hem vücudumuzda, elbisemizde hem de namaz kılacağımız yerde bulunan ve namaza engel olan maddi pisliklerin temizlenmesi gerekir.

3. Setr-i Avret: İslami tesettüre göre örtülmesi gereken yerlerin örtülmesi demektir. Vücutta başkasının bakmasının haram olduğu ve dinen örtülmesi istenen bölümlerin örtülmesi gerekir. Vücudun bu bölümlerine avret mahalli denilir. Avret aynı zamanda utanılacak şey demektir. Kadın ile erkeğin örtmesi gereken avretleri farklıdır. Mezheplere göre avret yerlerinin tarifinde bazı farklılıklar vardır.

Hanefî mezhebine göre: Erkek için, göbek ile diz kapakları arası, diz kapakları dâhil olan kısım avrettir. Kadın için ise, eller, ayaklar ve yüz hariç bütün vücut avrettir.

Şâfiî ve Hanbelî mezheplerinde erkek için göbekle diz kapakları arası, göbek ve diz kapakları hariç avret mahallidir. Kadın için ise eller ve yüz hariç vücudun her tarafı avrettir. Hanbelîlerin bir kısmına göre eller de avrettir.

Mâlikî mezhebine göre: Erkeğin göbek ve diz kapağı arası avrettir. Ancak, örtülmesi kesin olan kısım, belin ön ve arka kısmıdır. Fakat, göbek ve diz kapağına kadar örtünmeyen yine de günah işlemiş olur. Kadının elleri ve yüzü dışında vücudunun her yeri avret sayılır. Namazda, setr-i avreti sünnet kabul eden bazı Mâlikîler baş, boyun, kollar ve dizden aşağısının tam örtülmemesi hâlinde günah işlendiğini ancak namazın geçerli olduğunu söylemişlerdir.

Giyilen elbiseler tenin rengini göstermemeli, beden hatlarını belli etmemelidir.

4. İstikbâl-i Kıble: Kıbleye yönelmek demektir. Kıble, Kâbe'nin bulunduğu yöndür. Kâbe'den uzakta bulunan Müslüman namaz için Kâbe'nin bulunduğu yönü tespit eder ve oraya doğru döner.

5. Vakit: Farz namazların kılınması için mutlaka bu namazların vakitlerinin girmiş olması gerekmektedir. Farz namazların yanı sıra, bu namazlardan önce ve sonra kılınan sünnet namazlar da bu vakitlerde kılınır. Vitir, teravih ve bayram namazları da vakitlerinde kılınır.

Güneş doğarken, güneş tam tepede iken ve güneş batarken namaz kılmak mekruhtur.

Namaz vakitleri güneşe göre belirlenir. Günümüzde her ne kadar takvimler, elektronik namaz saatleri ve akıllı telefon uygulamaları olsa bile evrensel ölçü güneştir. Güneşe göre namaz vakitleri sırası ile şöyledir.

- Sabah namazının vakti, fecr-i sâdık denilen sabahleyin şafağın doğması ile başlar, güneş doğmadan biter.
- Öğle namazı zeval vakti denilen, tam gün ortasından sonra, her şeyin gölgesinin iki misli olduğu zaman kadar devam eder.
- İkindi namazının vakti öğle vakti bitince başlar ve güneş batana kadar devam eder.
- Akşam namazının vakti güneş batınca başlar ve kırmızı şafağın kaybolması ile sona erer.
- Yatsı namazının vakti ise akşam namazının bitişi ile başlar ve sabahleyin fecr-i sâdık doğana kadar devam eder.

6. Niyet: Namaz kılmak için niyet etmek şarttır. Kişi hangi namazı kılacağının şuurlu ve bilinçli bir şekilde farkında olmalıdır. Niyet kalple yapılabilir. Ama dille de söylenilebilir. Sesli olması gerekmez.

Ezan ve Kamet

Ezan, ilan etmek, çağrıda bulunmak ve davet etmek manalarına gelir. Ezan namaz vaktinin başladığını ilan eder. Namaz vaktinin ilanının yanı sıra ezan okunarak müminler namaza davet edilir. Ezanı oluşturan cümlelerde geçen “hayye حَيَّ” kelimesi de davet etmek ve çağırmak manalarındadır. Ezandaki manası, haydi namaza gelin, kurtuluşa gelin demektir. Bu hâliyle ezan, namazın vaktini ilan etme ve Müslümanları namaza davet etmenin özel çağrısıdır.

Ezana, ezan-ı Muhammedî de denir ki, Peygamberimiz Hz. Muhammed (s.a.v.)’in getirdiği dine atıfta bulunmak için bu şekilde isimlendirilmiştir. Ezan, manası itibarıyla İslam dininin en temel inançlarına çağrıyı da ihtiva eder. Ezan şu şekildedir:

(dört defa)	اَللّٰهُ اَكْبَرُ
(iki defa)	اَشْهَدُ اَنْ لَا اِلٰهَ اِلَّا اللّٰهُ
(iki defa)	اَشْهَدُ اَنَّ مُحَمَّدًا رَسُولُ اللّٰهِ
(iki defa)	حَيَّ عَلَى الصَّلَاةِ
(iki defa)	حَيَّ عَلَى الْفَلَاحِ
(iki defa)	اَللّٰهُ اَكْبَرُ
(bir defa)	لَا اِلٰهَ اِلَّا اللّٰهُ

Sabah namazı için ise ezana "Hayye ale'l Felâh" denildikten sonra iki kez

اَلصَّلَاةُ خَيْرٌ مِنَ النَّوْمِ

ilavesi yapılır. Bu ifade, "Namaz uykudan hayırlıdır." anlamına gelir.

Farz namazlarda, namazdan önce kamet getirilir. Kamet de ezan gibi okunur ama "Hayye ale'l Felâh"tan sonra iki kez

قَدْ قَامَتِ الصَّلَاةُ

ilavesi yapılır. "Namaz başladı." anlamına gelir.

Ezan bittikten sonra ise şöyle dua edilir:

أَللّٰهُمَّ رَبَّ هٰذِهِ الدَّعْوَةِ التَّآمَّةِ

وَالصَّلَاةِ الْقَآئِمَةِ

اٰتِ مُحَمَّدًا الْوَسِيلَةَ وَالْفَضِيلَةَ

وَابْعَثْهُ مَقَامًا مَحْمُودًا الَّذِى وَعَدْتَهُ

Manası şudur: *"Ey, bu tam olan davetin ve kılınacak olan namazın Rabbi! Muhammed (s.a.v.)'e vesileyi ve fazileti ihsan eyle. Onu, kendisine vadettiğin Makam-ı Mahmûd'a eriştir."*

Bu duada geçen "tam olan davet", tevhit manasınadır. Çünkü ezanın cümlelerinin tamamı tevhide dâhildir.

"Vesile" ise cennette çok üstün bir makamdır ki, Peygamber Efendimiz bu makamın kendisine verilmesi için Allah'a dua edilmesini bütün Müslümanlardan istemiştir.

"Fazilet", yaratılmışlar arasındaki üstün mertebedir ki, bu dereceye ancak Allah katında muteber kimseler ulaşabilir.

"Makam-ı Mahmûd" ise, Peygamber Efendimize kıyamette, insanlara şefaat etme izninin verileceği makamdır. Kelime olarak manası "övülmeye layık yer, yüksek manevi makam" anlamına gelir.

Namazın İçindeki Şartlar

Namazın içindeki şartlar; iftitah tekbiri, kıyam, kıraat, rükû, sucûd, kâde-i âhire olmak üzere altı tanedir. Birinci şartın ifası ile namaz başlamış olur.

1. İftitah Tekbiri: Açılış, başlangıç tekbiri anlamına gelir. Namaza başlarken Allahu ekber (اَللّٰهُ اَكْبَرُ) denir, bu esnada erkekler ellerini avuç içleri kıbleye gelecek şekilde kulak hizasına kaldırırlar. Kadınlar ise el parmakları boyun hizalarına gelecek şekilde ellerini kaldırırlar. İftitah tekbiri ayakta alınır.

2. Kıyam: Ayağa kalmak, ayakta durmak demektir. İftitah tekbirinden sonra subhâneke ile başlayan ve tüm rekâtlarda Fâtiha suresi ile Kur'an'dan en az üç ayet veya üç ayet uzunluğunda bir ayet okunabilecek sürede ayakta durmaya kıyam denir.

3. Kıraat: Okumak demektir. Ama bu okuma, Kur'an'dan ayetler okumak demektir. Fâtiha suresi ile en az üç kısa ayetin okunması şarttır.

4. Rükû: Bacakların dik tutularak, dizleri kırmadan, belden itibaren vücudun öne doğru eğilmesi demektir. Rükûda eller dizlere konur. Kişi, başı ve sırtı düz olacak şekilde eğilir.

5. Sucûd (Secdeler): Secde, yere kapanmak demektir. Vücudun alın, eller, dizler ve ayak parmakları gibi uzuvlarının hepsinin yere gelecek şekilde yere kapanmasıdır. Her rekâtta rükûdan sonra iki kez yapılır.

6. Kâde-i Âhîre: Son oturuş veya sonunda oturmak demektir. Bu oturuş şekli namaza has bir oturuş şeklidir. Namazların son rekâtlarında son secdeden kalkınca, en az "ettahiyyâtu" duasını okuyacak kadar oturmaktır. 3 veya 4 rekâtlı namazlarda ikinci rekâttan sonra da oturulur. Bu selam vermeden yapılan oturuşa kâde-i u'lâ, yani ilk/birinci oturuş denir.

Namaz Nasıl Kılınır?

Namaz kılmak için namazın dışındaki şartlar yerine getirildikten sonra:

1. Erkeklerde eller, avuç içleri kıbleye gelecek şekilde kulak hizasına kaldırılır. Kadınlar ellerini, parmakları omuz hizasına gelecek şekilde kaldırır. *"Allahu ekber"* denilerek namaza başlanır.

2. Sonra erkeklerde eller göbeğin altında, sağ el sol elin üzerinde birleştirilir. Sağ el, sol bileği kavrar. Kadınlar ise sağ ellerini sol ellerinin üzerine koyup göğüs üzerinde tutar.

3. İftitah tekbirinden sonra subhâneke duası okunur:

سُبْحَانَكَ اللّٰهُمَّ وَبِحَمْدِكَ ❊ وَتَبَارَكَ اسْمُكَ ❊

وَتَعَالٰى جَدُّكَ ❊ (وَجَلَّ ثَنَاؤُكَ) ❊ وَلَٓا اِلٰهَ غَيْرُكَ ❊

Manası: *"Allahım! Sen her türlü eksikliklerden uzaksın. (Seni böyle tesbih ederim) Seni bu şekilde över, hamdederim. Senin adın mübarektir. Varlığın her şeyden üstündür. Senin övgün ne yücedir! Senden başka ilah yoktur."*

4. Eûzu besmele okunur:

اَعُوذُ بِاللّٰهِ مِنَ الشَّيْطَانِ الرَّجِيمِ ❊

بِسْمِ اللّٰهِ الرَّحْمٰنِ الرَّحِيمِ ❊

Manası: *"Ben taşlanmış (veya kovulmuş) şeytandan Allah'a sığınırım. Rahmân ve Rahîm olan Allah'ın adıyla başlarım."*

5. Sonra Fâtiha suresi okunur ve amin denir. Hemen ardından besmele çekmeden Kur'an'dan bir miktar ayet veya sure okunur.

6. Akabinde *"Allahu ekber"* denilerek rükû edilir. Rükûda eller dizlere konulur. Dizler ve dirsekler bükülmez. Baş ve sırt aynı seviyede durur. Kadınlar diz ve sırtlarını düz tutmaz, hafifçe öne doğru eğilirler. Rükûda en az üç kere *"subhâne rabbiye'l-azîm"* (سُبْحَانَ رَبِّيَ الْعَظِيمِ) denilecek kadar kalınır.

7. Daha sonra *"semiallâhu limen hamideh"* (سَمِعَ اللّٰهُ لِمَنْ حَمِدَهُ) denilerek dik bir şekilde doğrulunur.

8. *"Allahu ekber"* (اَللّٰهُ اَكْبَرُ) denilerek secdeye varılır. Secdede en az üç defa, *"subhâne rabbiye'l-a'lâ"* (سُبْحَانَ رَبِّيَ الْاَعْلٰى) denilecek kadar kalınır.

9. *"Allahu ekber"* denilerek secdeden kalkılır. İki secde arasında *"subhânallah"* denecek kadar bir süre oturulur. Tekrar *"Allahu ekber"* denilerek ikinci secdeye gidilir.

10. İkinci secdeden sonra *"Allahu ekber"* denilerek ayağa kalkılır (kıyam) ve ikinci rekât kılınır. Bu kez subhâneke okunmadan sadece besmele çekilir ve Fâtiha okunur. Diğer rükünler ve tesbihat ilk rekâttaki gibidir.

11. İkinci rekât da secdeler ile tamamlanınca tahiyyata oturulur. Bu tahiyyata iki rekâtlı namazlarda kâde-i âhîre (son oturuş), üç veya dört rekâtlı namazlarda kâde-i ûlâ (birinci oturuş) denir. Tahiyatta, "ettahiyyâtu" duası okunur. Son tahiyatta ise, "ettahiyyâtu" duasına ek olarak "allahumme salli - allahumme bârik" duaları ile "rabbenâ" duaları okunur.

12. Önce sağa sonra da sola *"esselâmu aleyküm ve rahmetullah"* (اَلسَّلَامُ عَلَيْكُمْ وَرَحْمَةُ اللّٰهِ) denilerek selam verilir. Böylece namaz tamamlanmış olur.

Son Oturuşta Okunan Dualar

Ettahiyyâtu:

اَلتَّحِيَّاتُ لِلّٰهِ وَالصَّلَوَاتُ وَالطَّـيِّـبَاتُ ❀ اَلسَّلَامُ عَلَيْكَ اَيُّهَا النَّبِىُّ وَرَحْمَةُ اللّٰهِ وَبَـرَكَاتُهُ ❀ اَلسَّلَامُ عَلَيْنَا وَعَلٰى عِبَادِ اللّٰهِ الصَّالِحِينَ ❀ اَشْهَدُ اَنْ لَٓا اِلٰهَ اِلَّا اللّٰهُ ❀ وَاَشْهَدُ اَنَّ مُحَمَّدًا عَبْدُهُ وَرَسُولُهُ ❀

"Bütün tazimler, övgüler, mülkler, kavlî, bedenî ve mali ibadetler Allah'a mahsustur. Ey Peygamber! Sana selam olsun, Allah'ın rahmeti ve bereketi üzerine olsun. Selam bize ve Allah'ın salih kullarına olsun. Kesin olarak bilir ve beyan ederim ki Allah'tan başka ilah yoktur ve şehadet ederim ki Hz. Muhammed Allah'ın kulu ve elçisidir."

Allâhumme Salli:

اَللّٰهُمَّ صَلِّ عَلٰى مُحَمَّدٍ وَعَلٰى اٰلِ مُحَمَّدٍ ❀ كَمَا صَلَّيْتَ عَلٰى اِبْرَاهِيمَ وَعَلٰى اٰلِ اِبْرَاهِيمَ ❀ اِنَّكَ حَمِيدٌ مَجِيدٌ ❀

"Ey Allahım! İbrâhîm'e ve ailesine rahmet eylediğin gibi, Muhammed'e ve onun ailesine de rahmet eyle. Hiç şüphesiz Sen hep övülen ve hep şanı yüce olansın."

Allâhumme Bârik:

اَللّٰهُمَّ بَارِكْ عَلٰى مُحَمَّدٍ وَعَلٰى اٰلِ مُحَمَّدٍ * كَمَا بَارَكْتَ

عَلٰى اِبْرَاهِيمَ وَعَلٰى اٰلِ اِبْرَاهِيمَ * اِنَّكَ حَمِيدٌ مَجِيدٌ *

"Ey Allahım! İbrâhîm'e ve ailesine bereket ihsan ettiğin gibi, Muhammed'e ve onun ailesine de bereket ihsan eyle. Hiç şüphesiz Sen hep övülen ve hep şanı yüce olansın."

Rabbenâ:

رَبَّنَا اٰتِنَا فِي الدُّنْيَا حَسَنَةً وَفِي الْاٰخِرَةِ حَسَنَةً وَقِنَا

عَذَابَ النَّارِ * رَبَّنَا اغْفِرْ لِي وَلِوَالِدَيَّ وَلِلْمُؤْمِنِينَ يَوْمَ

يَقُومُ الْحِسَابُ *

"Allahım! Bize dünyada da ahirette de iyilik ve güzellik ver. Bizi cehennemin azabından koru. Rabbimiz! Beni, anne babamı ve bütün müminleri hesap gününde bağışla."

Cuma Namazı

Cuma namazı, cuma günü öğle namazı yerine geçmek üzere öğle namazı vaktinde cemaat ile kılınan namazdır. Dört rekât sünnet namazı kılınınca iç ezan okunduktan sora imam hutbeye çıkar ve hutbe okur. Sonra da farz olan iki rekâtlık cuma namazı kılınır.

Cuma namazı ile ilgili olarak ayette şöyle buyrulur:

يَٓا اَيُّهَا الَّذ۪ينَ اٰمَنُوٓا اِذَا نُودِيَ لِلصَّلٰوةِ مِنْ يَوْمِ
الْجُمُعَةِ فَاسْعَوْا اِلٰى ذِكْرِ اللّٰهِ وَذَرُوا الْبَيْعَۜ ذٰلِكُمْ
خَيْرٌ لَكُمْ اِنْ كُنْتُمْ تَعْلَمُونَ ﴿٩﴾

"Ey iman edenler! Cuma günü namaz için çağrı yapıldığı zaman, hemen Allah'ın zikrine koşun ve alışverişi bırakın. Eğer bilirseniz bu, sizin için daha hayırlıdır." (Cuma suresi, 62:9)

Aşağıdaki hadîs-i şerife göre:

اَلْجُمُعَةُ حَقٌّ وَاجِبٌ عَلَى كُلِّ مُسْلِمٍ فِي جَمَاعَةٍ
إِلَّا أَرْبَعَةً عَبْدٌ مَمْلُوكٌ أَوِ امْرَأَةٌ أَوْ صَبِيٌّ أَوْ مَرِيضٌ

"Cuma namazı, köle, kadın, çocuk ve hastalar haricindeki her Müslüman'a farzdır." (Ebû Dâvûd, Salat, 217, H. No: 1067) Bazı hadislerde "misâfir" (dinen yolcu kabul edilen) kimselere ilavesi var ise de sahih kabul edilen bu hadiste yukarıdaki gibi buyurulmaktadır.

Fakat Peygamber Efendimiz, Veda haccında cuma günü cuma namazı değil, öğle namazı kıldırmıştır. Efendimiz o zamanda seferî hâlinde idi. Bu yüzden, hadis tekniği açısından seferîlere cuma namazı farziyyetini bildiren hadis sahih değilse de, neredeyse zamanın Müslümanlarının çok büyük bölümü Peygamberimiz ile Veda haccında olduğu için, bu durumu sorgulama ihtiyacı duymamışlardır. Ama, fiilen cuma namazının seferîlere farz olmadığını uygulamışlardır.

Hadiste kadınlara cuma namazının farz olmadığının bildirilmesinin yanı sıra, Peygamberimizin ve sahabenin, hasta olmadığı hâlde cuma namazına gelmeyen kadınları uyarmaması, kadınların ne sebeple cuma namazına gelmemiş olduklarının sorulmaması, Peygamber Efendimizin cuma namazının kadınlara farz olmadığını tasdik ettiğini göstermektedir. Çünkü o zamanlar mazeretsiz namaza gelmeyen erkeklere nerede olduğu veya ne özrü olduğu sorulurdu.

Cuma namazını bir mazerete istinaden kılamayan bu kişiler:

1. Yolcu değillerse 4 rekât öğle namazı kılarlar.

2. Yolcular bu 4 rekât farzı iki rekât seferî namazı olarak kılarlar. Zira seferîlik, yani yolcu olma hâlinde farz namazlar 2 rekât olarak kılınır. Sadece akşam namazının farzı hem mukim (yerleşik) hâlde hem de seferîlik hâlinde 3 rekât olarak kılınır.

Vitir Namazı

Genellikle yatsı namazından hemen sonra kılınır. Üç rekâttır. Üçüncü rekâtında rükûdan kalkıp Fâtiha ve Kur'an'dan bir bölüm okunduktan sonra "Allahu ekber" denilip eller kaldırılarak tekbir getirilir ve eller tekrar bağlanır. Burada kunut duaları okunur. Kunut duaları okununca diğer namazlarda olduğu gibi önce rükûya sonra secdeye gidilir. Secde, tahiyyat ve selamla namazdan çıkılır.

Kunut Allah'a dua etmek yalvarmak, demektir. Fıkhî olarak, "Taatte bulunmak, dua etmek ve herhangi bir şerden kurtulmak ya da hayrı elde etmek için namazda Allah'a sığınmak" manasında namazlarda kıyam hâlinde iken dua etmektir.

Kunut duaları, Hanefî ve Hanbelî mezheplerine göre yatsı namazından sonra kılınan vitir namazının son rekâtında rükûdan önce tekbir alınarak yapılan duadır. Şâfiî ve Mâlikîlere göre ise sabah namazının farzının son rekâtında rükûdan önce yapılır. Şâfiîler buna ilaveten ramazan ayının ikinci yarısındaki vitir namazlarının son rekâtında da kunut okurlar.

Hanefîlerin okuduğu iki kunut duası vardır. Bu dualar şunlardır:

اَللّٰهُمَّ اِنَّا نَسْتَعِينُكَ وَنَسْتَغْفِرُكَ وَنَسْتَهْدِيكَ *
وَنُؤْمِنُ بِكَ وَنَتُوبُ اِلَيْكَ * وَنَتَوَكَّلُ عَلَيْكَ وَنُثْنِي
عَلَيْكَ الْخَيْرَ كُلَّهُ نَشْكُرُكَ وَلَا نَكْفُرُكَ وَنَخْلَعُ
وَنَتْرُكُ مَنْ يَفْجُرُكَ *

"Allahım! Senden yardım diler, günahlarımızı bağışlamanı ve bizi hidayete erdirmeni isteriz. Sana inanırız, sana tevbe ederiz. Sana tevekkül eder, güveniriz. Bize verdiğin bütün nimetleri bilerek seni hayır ile överiz. Sana şükrederiz. Hiçbir nimetini inkâr etmez ve onları başkasından bilmeyiz. Nimetlerini inkâr eden ve sana karşı geleni terk ederiz."

اَللّٰهُمَّ اِيَّاكَ نَعْبُدُ وَلَكَ نُصَلِّي وَنَسْجُدُ ✽ وَاِلَيْكَ نَسْعٰى

وَنَحْفِدُ ✽ نَرْجُوا رَحْمَتَكَ وَنَخْشٰى عَذَابَكَ ✽

اِنَّ عَذَابَكَ بِالْكُفَّارِ مُلْحِقٌ ✽

"Allah'ım! Biz yalnız Sana ibadet eder, namazı ancak Senin için kılarız ve Sana secde ederiz. Yalnız Sana kulluk için çalışır ve yalnız Sana koşarız. Sana yaklaştıracak şeyleri kazanmaya çalışırız. Rahmetini isteriz, azabından korkarız. Şüphesiz Senin azabın kâfirlere ve inançsızlara ulaşır."

Cenaze Namazı

Cenaze namazı, sadece ayakta kılınan bir namazdır. Rükû ve secdesi yoktur.

Cenaze namazının iki farzı vardır.

1. Kıyam (ayakta durmak)

2. Tekbirler.

Cenaze namazında iftitah tekbiriyle birlikte dört tekbir bulunmaktadır. Namaz bittikten sonra önce sağa sonra sola selam vermek vaciptir. Sünnetleri ise, Allah'a hamd ve sena etmek, Resûlullah (s.a.v.)'e salât ve selam getirmek, hem ölmüşlere hem de diğer Müslümanlar için dua etmekten ibarettir.

Cenaze ön tarafa gelir. Kıbleye dönülmüş şekilde ayakta durulur. "Niyet ettim Allah için namaza, Resûlullah için salâtü selama, meyyit (erkek)/meyyite (kadın) için duaya." diyerek niyet edilir. Namazdaki gibi "Allahu ekber" denilerek tekbir getirilir. Subhâneke duası "ve celle senâuke وَجَلَّ ثَنَاۤئُكَ" cümlesi ile birlikte okunur.

Eller kaldırılmadan bağlı iken tekrar tekbir getirilir. Allahumme salli ve Allahumme barik duaları okunur.

Cenaze Duası:

Yine eller kaldırılmadan tekbir getirilir. Bilenler şu duayı okur:

اَللّٰهُمَّ اغْفِرْ لِحَيِّنَا وَمَيِّتِنَا وَشَاهِدِنَا وَغَائِبِنَا وَذَكَرِنَا وَاُنْثَانَا وَصَغِيرِنَا وَكَبِيرِنَا * اَللّٰهُمَّ مَنْ اَحْيَيْتَهُ مِنَّا فَاَحْيِهِ عَلَى الْاِسْلَامِ وَمَنْ تَوَفَّيْتَهُ مِنَّا فَتَوَفَّهُ عَلَى الْاِيمَانِ * وَخُصَّ هٰذَا الْمَيِّتَ بِالرَّوْحِ وَالرَّاحَةِ وَالْمَغْفِرَةِ وَالرِّضْوَانِ * اَللّٰهُمَّ اِنْ كَانَ مُحْسِنًا فَزِدْ

فِى اِحْسَانِهِ وَاِنْ كَانَ مُسِيئًا فَتَجَاوَزْ عَنْهُ وَلَقِّهِ

الْاَمْنَ وَالْبُشْرَى وَالْكَرَامَةَ وَالزُّلْفَى ❁ بِرَحْمَتِكَ يَا

اَرْحَمَ الرَّاحِمِينَ ❁

"Allahım! Bizim dirilerimizi, ölülerimizi, burada bulunan ve bulunmayanları, erkeklerimizi, kadınlarımızı, küçük ve büyüklerimizi bağışla. Ey Allahım! Bizden hayatta bıraktıklarını İslam'a göre yaşat, öldürdüklerini ise iman üzere öldür. Şu ölmüş kişiyi kolaylığa, rahata, mağfirete ve rızana erdir. Yâ Rabbi! Eğer bu ölü muhsin ise, ihsanını artır. Ve eğer günahı var ise affet, kendisini Senin rahmetinle emniyete, müjdeye, her türlü iyiliğe ve sana yakınlığa ulaştır. Ey merhemtlilerin en merhametlisi!"

Cenaze duasını bilmeyenler bunun yerine Fâtiha suresini okur. Cenaze, çocuk cenazesi ise, cenaze duasındaki

وَمَنْ تَوَفَّيْتَهُ مِنَّا فَتَوَفَّهُ عَلَى الْاِيمَانِ

cümlesinden sonra şöyle devam edilir:

اَللّٰهُمَّ اجْعَلْهُ لَنَا فَرَطًا ❁ اَللّٰهُمَّ اجْعَلْهُ لَنَا اَجْرًا

وَذُخْرًا ❁ اَللّٰهُمَّ اجْعَلْهُ لَنَا شَافِعًا وَمُشَفَّعًا ❁

"Ey Allahım! Sen bu çocuğu bize, önceden gönderilmiş bir sevap sebebi kıl, bizim için ecir eyle, bizim için azık eyle. Ey Allahım! Onu bizlere bir şefaatçi ve şefaati kabul edilmiş biri eyle."

Teravih Namazı

Teravih namazı ramazan ayında yatsı namazından sonra kılınan ve sünnet-i müekkede olan bir namazdır. Orucun değil, ramazan ayının sünneti olduğundan oruç tutamayanlar da bu namazı kılar. Resûlullah (s.a.v.):

إِنَّ اللّٰهَ تَبَارَكَ وَتَعَالَى فَرَضَ صِيَامَ رَمَضَانَ عَلَيْكُمْ وَسَنَنْتُ لَكُمْ قِيَامَهُ فَمَنْ صَامَهُ وَقَامَهُ إِيمَانًا وَاحْتِسَابًا خَرَجَ مِنْ ذُنُوبِهِ كَيَوْمِ وَلَدَتْهُ أُمُّهُ

"Muhakkak Allah Teâlâ ramazanda oruç tutmayı size farz kıldı. Ben de ondaki namazı sünnet kıldım. Kim bu ayda inanarak, sevap umarak oruç tutar ve namazı kılarsa, annesinden doğduğu gündeki gibi günahlarından kurtulmuş olur." buyurmuştur. (Nesaî, Sıyâm, 40, H. No: 2210).

Bir başka hadiste Efendimiz şöyle buyurmuştur:

مَنْ قَامَ رَمَضَانَ إِيمَانًا وَاحْتِسَابًا غُفِرَ لَهُ مَا تَقَدَّمَ مِنْ ذَنْبِهِ

"Ramazan ayında inanarak ve sevabını Allah'tan bekleyerek namaz kılan kimsenin geçmiş günahları bağışlanır." (Buhârî, Teravih, 1, H. No: 2009) Hadisteki "kâme" kelimesi çoğunlukla namaz kılmak, bazen de ramazan ayında yapılan amel ve ibadetlerin tümü manasında anlaşılmıştır.

Peygamber Efendimiz teravih namazı kılarken sahabe de arkasında ona uyarak cemaatle kılmıştır. Fakat, bu uzun namazın ümmete zor geleceğini düşünerek imamlık yapmamıştır. Peygamberimizin teravih namazını iki veya üç gün mescitte kıldırdığı, cemaatin gittikçe çoğaldığını görünce mescide çıkmadığı ve mescide çıkıp teravih kıldırmamasını, Allah'ın farz kılabileceği endişesiyle yaptığını söylediği rivayet edilir.

عَنْ زَيْدِ بْنِ ثَابِتٍ أَنَّ النَّبِيَّ ﷺ فَقَالَ: مَا زَالَ بِكُمُ الَّذِى رَأَيْتُ مِنْ صَنِيعِكُمْ، حَتَّى خَشِيتُ أَنْ يُكْتَبَ عَلَيْكُمْ، وَلَوْ كُتِبَ عَلَيْكُمْ مَا قُمْتُمْ بِهِ، فَصَلُّوا أَيُّهَا النَّاسُ فِى بُيُوتِكُمْ، فَإِنَّ أَفْضَلَ صَلاَةِ الْمَرْءِ فِى بَيْتِهِ، إِلاَّ الصَّلاَةَ الْمَكْتُوبَةَ

Zeyd b. Sâbit'ten rivayet edildiğine göre, Hz. Peygamber (s.a.v.) teravih namazını mescitte kılmakta ısrarcı olanlara şöyle buyurmuştur: *"Ey insanlar! Sizin bu namaz konusundaki ısrarlı tutumunuzu gördüm ve onun size farz kılınmasından endişe duydum. Şayet farz kılınsa eda etmekte zorlanacaktınız. Siz bu namazı evlerinizde kılın. Çünkü kişinin farz namaz dışında kıldığı en faziletli namaz, evinde kıldığı namazdır."* (Buhârî, İ'tisâm, 3, H. No: 7290)

عَنْ عَائِشَةَ أُمِّ الْمُؤْمِنِينَ رضى اللّٰهُ عَنْهَا أَنَّ رَسُولَ اللّٰهِ ﷺ صَلَّى ذَاتَ لَيْلَةٍ فِي الْمَسْجِدِ فَصَلَّى بِصَلاَتِهِ نَاسٌ ثُمَّ صَلَّى مِنَ الْقَابِلَةِ فَكَثُرَ النَّاسُ ثُمَّ اجْتَمَعُوا مِنَ اللَّيْلَةِ الثَّالِثَةِ أَوِ الرَّابِعَةِ فَلَمْ يَخْرُجْ إِلَيْهِمْ رَسُولُ اللّٰهِ ﷺ فَلَمَّا أَصْبَحَ قَالَ: قَدْ رَأَيْتُ الَّذِي صَنَعْتُمْ وَلَمْ يَمْنَعْنِي مِنَ الْخُرُوجِ إِلَيْكُمْ إِلاَّ أَنِّي خَشِيتُ أَنْ تُفْرَضَ عَلَيْكُمْ

Müminlerin annesi Hz. Âişe (r.anha)'nın bildirdiğine göre, Peygamberimiz bir gece mescitte namaz kılarken insanlar da ona uyup namaz kıldılar. Sonra bir grup daha arkasında namaz kıldı. Peygamberimize uyarak namaz kılan insanlar çoğaldı. Sonra üçüncü ya da dördüncü gece insanlar namaz için toplandılar. Ancak, Allah'ın Resulü namaz kıldırmak için mescide gelmedi. Sabah oldu ve buyurdu ki: *"Sizin namaz için toplandığınızı gördüm. Ancak, bunun size farz olmasından korktuğum için namaz kıldırmaya gelemedim."* (Buhârî, Theccüd 5, H. No: 1129)

Peygamberimizin bu şekilde namaz kıldırması son ramazan ayının son gecelerinde olmuştur.

Teravih namazının 8, 10, 16, 36, 38 veya hatta 40 rekât olduğuna dair rivayetler vardır. Âlimlerin büyük bir kısmının ittifakı ile 20 rekât olarak kılınır. Teravih namazının böyle kılınması Hz. Ömer döneminden beri ümmetin büyük bir ekseriyeti tarafından kabul görmüştür. Teravih namazı cemaatle de yalnız başına da kılınabilir.

Hilafeti sırasında, camide herkesin karmaşık bir şekilde tek başına namaz kıldığını gören Hz. Ömer, Übey bin Ka'b'a teravih namazını cemaatle kıldırmasını söylemiş, ashâb-ı kirâm da bu uygulamayı tasdik etmiştir. Sahabe teravih namazının cemaatle kılınamayacağına dair bir görüşe sahip olsaydı, mutlaka Hz. Ömer'e itiraz ederdi. Peygamber Efendimiz de artık yaşamadığına göre, sünnet olan bu namazın farz kılınması da mümkün olmamaktadır. Nitekim, bu durumu bugün her Müslüman bilmektedir.

Namazı Bozan Durumlar

İbadetler kendilerine has şekil ve davranışlarla yerine getirilirler. Bunlardan birisi eksik olursa, o ibadet geçerli olmaz. Biz bunlara ibadetlerin şart ve rükünleri diyoruz. Mesela abdestsiz namaz olmaz, vakti girmemiş olan bir namaz da kılınamaz. Ayrıca, namaza başlandığında şu durumlar namazı bozar:

1. Namazın farzlarından birisini terk etmek, yapmamak

2. Namaz kılarken abdestin bozulması

3. Namazda konuşmak, gülmek (Başkalarının duyacağı kadar gülünürse abdest de bozulur.)

4. Namaz kılan kişinin, bir başkası tarafından namaz kılmadığını sanacak şekilde davranışta bulunması.

5. Kıbleden başka bir yöne dönmek.

6. Namazda bir şey yemek veya içmek.

Sehiv Secdesi

Sehiv "yanılma, unutma, dalgın olma" anlamlarına gelir. Namazda, belirli eksiklik veya fazlalıkları düzeltmek için yapılan secdeye sehiv secdesi denir. Sehiv secdesinin neden ve nasıl yapılacağını Peygamber Efendimiz öğretmiş ve göstermiştir. Sehiv secdesi şu durumlarda yapılır:

1. Birden fazla rükû veya ikiden fazla secde yaparak rükünlere ilave yapmak.

2. Rükünlerden birini öne almak ya da geciktirmek. Rükûda iken, kıraat edilmediği hatırlanırsa, kıyama kalkılır ve kıraat yapılır. Daha sonra ise sehiv secdesi yapılarak bu karışıklık telafi edilmiş olur.

3. Kaç rekât namaz kıldığında tereddüt eden kimse, kaç rekât kıldığına kanaat getirir ve ona göre rekâtları tamamlar. Sonda ise sehiv secdesi yapar.

4. Selam vermesi gerekirken unutarak veya yanılarak ayağa kalkmak. Bu durumda hemen oturulur ve selam verilir. Sonra da sehiv secdesi yapılır.

5. Namazın vacibini terk etmek. Fâtiha veya Fâtiha'dan sonra Kur'an'dan bir miktar okumamak, birinci ve ikinci oturuşta tahiyyat duasını okumamak.

6. Vitir namazlarının tekbirini yapmamak ve kunut duasını unutmak.

Sehiv secdesi, kâde-i âhireden sonra sağa ve sola selam verildikten sonra hemen tekbir getirilerek secdeye varılması ile olur. İki kere secde yapılır. Aynen kâde-i âhire (son oturuş) gibi, tahiyyat, salli barik ve rabbena duaları okunur ve tekrar selam verilir.

Eğer imam olan kişi yanılmış ise, sadece sağa selam vererek hemen tekbir getirip secdeye varır. Cemaat de imama uyar. Sadece sağa selam verip sehiv secdesi yapmak cemaatin bütünlüğünü sağlamak açısından önemlidir.

Kaza Namazı

Vakit namazları ancak belirli vakitlerde kılınabilir. Ancak unutma veya başka bir özür sebebiyle vakit içinde kılınamayan namazlar kaza edilir. Kasten namazı terk etmek çok büyük günah olduğu için, ayrıca tevbe edilmesi gerekir.

Sadece günlük farz namazlar kaza edilebilir. Sünnet ya da cuma namazları kaza edilmez. Cuma namazı kılmayan ya da kılamayan kişi öğle namazı kılar. Cuma namazı kılmayan kişi o gün öğle namazını da kılamamış ise öğle namazını kaza eder.

Kaza namazları aynen normal namazlar gibi kılınır. Seferî iken kazaya kalan namaz daha sonra mukim iken kılınacak ise, 4 rekâtlı namazlar seferîlikte olduğu gibi kısaltılır.

Seferî Namazı

Seferîlik (yolcu olma) hâlinde 4 rekâtlı farz namazlar iki rekât olarak kılınır. Buna namazın kısaltılması denir. Seferî olan kişiye müsâfir/misafir de denir. Seferî olmak için genel kabul gören uzunluk 90 kilometredir. Yani bir kişi ikamet ettiği yerden 90 kilometre uzağa giderse seferî olur ve 4 rekâtlı farz namazları iki rekât olarak kılar. Sünnet namazları ise isterse kılar. Sünnetleri kıldığında kısaltma yapmaz, 4 rekât sünnetleri 4 rekât olarak kılar.

Cemaat ile namaz kılarsa iki durum vardır. Kendisi imam olacak ise, mukim olanlar ikinci rekâttan sonra selama katılmayıp namazlarını 4 rekâta tamamlarlar. Kendisi mukim bir imama tabi olacak ise o zaman kendisi de imam gibi dört rekât kılar.

Gidilecek olan yerde 14 günden fazla kalınacaksa seferî olunmaz. Ancak, 14 günden daha az kalmak için niyet edilse, ama mazeretler sebebiyle bu süre uzasa o zaman seferî olarak kalır. Bir kimse 90 kilometreden daha uzak birkaç yere gitse, her gittiği yerde 14 günden az kalsa hepsinde de seferî olur.

Namazların Cem Edilmesi

Hac için Arafat'ta ve Müzdelife'de vakfeye durulması haricinde namazlar cem edilemez. Ancak namazın kılınamaması yani terk edilmesi tehlikesi olan zamanlarda cem etmek caiz olur.

Namazın cem edilebilmesi için, kılınamama ihtimali önemli bir gerekçe olur. Buna göre, kişilerin özel durumları dikkate alınır. Yaz aylarında günlerin çok uzun, kış aylarında günlerin çok kısa olması, okul, üniversite ve iş yerleri gibi sosyal ortamlarda namazların kılınamama tehlikesine karşı cem edilmesi caiz olur. Aynı şekilde, bir ameliyatta bulunan bir doktor, ameliyatın uzun sürmesi durumunda namazlarını cem edebilir. Abdest alınamaması durumlarında, su dahi olsa, suyun abdest için kullanılamaması hâlinde özellikle hanımların teyemmüm etmesi de caizdir.

Seferîlik de diğer şartlar gibi namazların cem edilmesi için bir sebep olur. Seferî de olsa, namazları kendi vakitlerinde kılma imkânı varsa, cem etmemek çok daha faziletlidir.

Bu özel durumlara has olmak üzere vakit namazlarından öğle ile ikindi namazı ve akşam ile yatsı namazı cem edilebilir. Namazların cemi ya ilk vakitte ya da son vakitte yapılır. Öğle ve ikindi namazlarını öğle vaktinde cem etmeye "cem'i takdim", ikindi vaktinde cem etmeye de "cem'i tehir" denir. Her iki durumda da önce öğle sonra ikindi namazının farzları kılınır. Her bir farz namaz için ayrı ayrı kamet getirilir.

Namazın Hikmeti ve Fazileti

İslam'da ibadetin gerekliliğinin asıl sebebi, bu ibadetin bizzat Allah tarafından emredilmiş olmasıdır. İbadetler ile insanlar, Allah'a şükür ve hamdlerini arz ederler. Kendi acziyetlerinin idrakine varırlar ve Allah'ı tesbih ederler. Bununla birlikte ibadetlerin insanlar tarafından bilinebilen ve bilinemeyen hikmetleri vardır. Namaz, Peygamber Efendimiz tarafından imandan sonra en faziletli amel olarak bildirildiği gibi, İslam dininin direği olarak da tanımlanmıştır. Efendimiz kendisine sorulduğunda en önemli amelin iman, daha sonraki sorularda ise namaz olduğunu bildirmiştir. Bakara suresinin 277. ayetinde şöyle buyurulur:

إِنَّ الَّذِينَ اٰمَنُوا وَعَمِلُوا الصَّالِحَاتِ وَاَقَامُوا
الصَّلٰوةَ وَاٰتَوُا الزَّكٰوةَ لَهُمْ اَجْرُهُمْ عِنْدَ
رَبِّهِمْۚ وَلَا خَوْفٌ عَلَيْهِمْ وَلَا هُمْ يَحْزَنُونَ ﴿٢٧٧﴾

"Şüphesiz iman edip salih ameller işleyen, namazı dosdoğru kılan ve zekâtı verenlerin mükâfatları Rableri katındadır. Onlara korku yoktur. Onlar mahzun da olmayacaklardır."

Bu ve bunun gibi çok sayıda ayette imandan hemen sonra namaza dikkat çekilmektedir. Hadiste de şöyle buyurulmuştur:

Efendimiz (s.a.v.) şöyle buyurmuştur:

عَنِ ابْنِ مَسْعُودٍ أَنَّ رَجُلاً سَأَلَ النَّبِيَّ ﷺ
أَيُّ الأَعْمَالِ أَفْضَلُ قَالَ الصَّلاَةُ لِوَقْتِهَا، وَبِرُّ
الْوَالِدَيْنِ، ثُمَّ الْجِهَادُ فِي سَبِيلِ اللَّهِ

İbn Mes'ûd (r.a.)'dan naklen: Bir adam Peygamberimiz (s.a.v.)'e amellerin hangisinin daha faziletli olduğunu sordu. Efendimiz de şu cevabı verdi: *"Amellerin en faziletlisi vaktinde kılınan namazdır. Sonra ana-babaya iyilik, sonra da Allah yolunda cihattır."* (Buhârî, Tevhid, 48, H. No: 7534)

Bu hadis imandan sonra amellerin en faziletlisinin namaz olduğunu göstermektedir. Ayrıca, bir başka hadiste de namazın dinin direği olduğu şöyle bildirilmiştir:

أَلاَ أُخْبِرُكَ بِرَأْسِ الأَمْرِ كُلِّهِ وَعَمُودِهِ وَذِرْوَةِ سَنَامِهِ
قُلْتُ بَلَى يَا رَسُولَ اللَّهِ قَالَ رَأْسُ الأَمْرِ الإِسْلاَمُ
وَعَمُودُهُ الصَّلاَةُ وَذِرْوَةُ سَنَامِهِ الْجِهَادُ

Muâz bin Cebel (r.a.) anlatıyor: Allah Resulü bana *"Sana işin başını, onun direğini ve zirvesini haber vereyim mi?"* diye sordu. Dedim ki "Evet, ey Allah'ın Resulü." Buyurdu ki: *"İşin başı İslam'dır, onun direği namazdır, zirvesi (ve noktası) cihaddır."* (Tirmizî, İman, 8, H. No: 2616)

Namaz kılmak, dışarıdan bakıldığında belirli hareketlerden, okunan dua ve zikirlerden ibaret sayılsa da, aslında bu hareketlerin her birinin Allah'a itaat ve Allah'a yönelmek bakımından manaları da vardır.

Namaz Allah'a yalvarmak, Onu tazim ederek af ve mağfiret dilemektir. Allahu ekber (اَللّٰهُ اَكْبَرُ) diyerek secdeye varılması ve orada subhâne rabbiye'l-a'lâ (سُبْحَانَ رَبِّىَ الْاَعْلَى) denilerek Allah'ın anılması, Peygamber Efendimiz tarafından "kulun Allah'a en yakın olduğu hâl" olarak tanımlanmıştır. Bu hâliyle namaz kulun Allah ile yakınlaştığı bir ibadet olmaktadır ki, bunun mahiyetini insan tam olarak kavrayamaz.

Bilindiği gibi tesbih; Allah'ı, Onun uluhiyetine, yüceliğine, azametine yakışmayan şeylerden tenzih etmek, bunlardan uzak olduğuna inanarak bu inancı dile getirmek, böylece Allah'ı her şeyden ululamak demektir. Bu şekilde sadece Allah anılabilir. Böylece secde hâlinde subhâne rabbiye'l-a'lâ (سُبْحَانَ رَبِّىَ الْاَعْلَى) denildiğinde, kul Allah'a yakınlığını da hissedecektir.

Kur'ân-ı Kerîm'de:

اِنَّ الصَّلٰوةَ تَنْهٰى عَنِ الْفَحْشَٓاءِ وَالْمُنْكَرِ

"Şüphesiz namaz hayâsızlıktan ve kötülükten alıkoyar." buyurulur (Ankebût suresi, 29:45). Bu ayet namazın aynı zamanda ahlaksızlıktan alıkoyma özelliğine işaret eder ki, böylece namaz ile, bir Müslümanın ahlaklı oluşu arasında da kopmaz bir bağ olduğu ifade olur. Bunun bir

başka manası da, namaz kılan bir kulun hayâsız, ahlaksız olamayacağı ve olmaması gerektiği şeklindedir. Aynı şekilde namaz kılan bir kulun asla kötülük yapmaması gerektiğine dikkat çekilmektedir. Namaz bir ömür boyu ve günde en az beş vakitte kılınacağına göre o kulun hayatı ahlak üzere devam edecek demektir.

Üstelik Peygamber Efendimizin namaz ile ilgili şu müjdesi, müjdelerin en değerlisidir:

عَنْ حَنْظَلَةَ الْكَاتِبِ قَالَ: سَمِعْتُ رَسُولَ اللّٰهِ ﷺ يَقُولُ: مَنْ حَافَظَ عَلَى الصَّلَوَاتِ الْخَمْسِ رُكُوعِهِنَّ وَسُجُودِهِنَّ وَوُضُوئِهِنَّ وَمَوَاقِيتِهِنَّ وَعَلِمَ أَنَّهُنَّ حَقٌّ مِنْ عِنْدِ اللّٰهِ دَخَلَ الْجَنَّةَ

(Hz. Peygamber'in vahiy kâtibi) Hanzala el-Kâtib (r.a.)'dan: Allah Resulü (s.a.v.)'i şöyle derken işittim: "Rükûları, secdeleri, abdestleri ve vakitlerine riayet ederek beş vakit namazı kılmaya devam eden ve bu beş vakit namazın Allah katından gelen bir emr-i hak olduğunu kabul eden kimse cennete girer (cennet onun için vacip olur)." (Ahmed İbn Hanbel, Müsned, Hadis No: 17973)

Ayrıca hadis kitaplarında pek çok yerde Peygamber Efendimiz (s.a.v.)'in "Bir Müslüman, vakti geldiğinde abdestini alıp, kendisini Allah'a vererek rükû ve secde ederek namazı kıldığında, iki namaz arasındaki günahları affolur." şeklindeki müjdesine de yer verilmiştir.

Oruç

Oruç İbadeti

Oruç da İslam'ın beş ana ibadetinden, yani şartlarından birisidir. Sabahleyin, fecr-i sâdıkın doğduğu andan itibaren, akşamleyin güneşin batmasına kadar olan sürede yemek, içmek ve cinsel yakınlaşmadan uzak durmak şeklinde yerine getirilir.

Müslümanlara farz kılınan oruç ramazan ayında tutulan oruçtur. Ramazan ayı, hicri takvimin 9. ayıdır. Bakara suresinin 183, 184 ve 185. ayetlerinde orucun farz kılındığı, sayılı günlerde olduğu, hasta ve yolcuların orucu başka zamanlarda da tutabileceği, oruca gücü yetmeyenlerin fidye ile oruç borcunu ödeyeceği ve nihayet bu sayılı günlerin ramazan ayı olduğu bildirilir.

يَٓا اَيُّهَا الَّذٖينَ اٰمَنُوا كُتِبَ عَلَيْكُمُ الصِّيَامُ كَمَا كُتِبَ
عَلَى الَّذٖينَ مِنْ قَبْلِكُمْ لَعَلَّكُمْ تَتَّقُونَۙ ﴿١٨٣﴾ اَيَّامًا
مَعْدُودَاتٍۜ فَمَنْ كَانَ مِنْكُمْ مَرٖيضًا اَوْ عَلٰى سَفَرٍ
فَعِدَّةٌ مِنْ اَيَّامٍ اُخَرَۜ وَعَلَى الَّذٖينَ يُطٖيقُونَهُ فِدْيَةٌ

طَعَامُ مِسْكٖينٍۜ فَمَنْ تَطَوَّعَ خَيْرًا فَهُوَ خَيْرٌ لَهُۜ
وَاَنْ تَصُومُوا خَيْرٌ لَكُمْ اِنْ كُنْتُمْ تَعْلَمُونَ ﴿١٨٤﴾
شَهْرُ رَمَضَانَ الَّذٓى اُنْزِلَ فٖيهِ الْقُرْاٰنُ هُدًى لِلنَّاسِ
وَبَيِّنَاتٍ مِنَ الْهُدٰى وَالْفُرْقَانِۚ فَمَنْ شَهِدَ مِنْكُمُ
الشَّهْرَ فَلْيَصُمْهُۜ وَمَنْ كَانَ مَرٖيضًا اَوْ عَلٰى سَفَرٍ
فَعِدَّةٌ مِنْ اَيَّامٍ اُخَرَۜ يُرٖيدُ اللّٰهُ بِكُمُ الْيُسْرَ وَلَا يُرٖيدُ
بِكُمُ الْعُسْرَۘ وَلِتُكْمِلُوا الْعِدَّةَ وَلِتُكَبِّرُوا اللّٰهَ
عَلٰى مَا هَدٰيكُمْ وَلَعَلَّكُمْ تَشْكُرُونَ ﴿١٨٥﴾

"Ey iman edenler! Oruç, sizden öncekilere farz kılındığı gibi, Allah'a karşı gelmekten sakınasınız diye, size sayılı günlerde farz kılındı. Oruç, sayılı günlerdedir. Sizden kim hasta, ya da yolculukta olursa, tutamadığı günler sayısınca başka günlerde tutar. Oruca gücü yetmeyenler ise bir yoksul doyumu fidye verir. Bununla birlikte, gönülden kim bir iyilik yaparsa (fidyeyi fazla verirse) o kendisi için daha hayırlıdır. Eğer bilirseniz oruç tutmanız sizin için daha hayırlıdır. O sayılı günler, insanlar için bir hidayet rehberi, doğru yolun ve hak ile batılı birbirinden ayırmanın apaçık delilleri olarak Kur'an'ın kendisinde indirildiği ramazan ayıdır. Öyle ise

içinizden kim bu aya ulaşırsa, onu oruçla geçirsin. Kim de hasta veya yolcu olursa, tutamadığı günler sayısınca başka günlerde tutsun. Allah size kolaylık diler, zorluk dilemez. Bu da sayıyı tamamlamanız ve hidayete ulaştırmasına karşılık Allah'ı yüceltmeniz ve şükretmeniz içindir."

Oruca niyet ile başlanır. Ramazan ayı olduğu için oruç tutmak üzere sahur yemeği yemek de niyet yerine geçer. Akşamleyin iftar edilirken yapılan dua sırasında yarının orucuna niyet ettim de denilebilir.

Sabahleyin orucun başladığı vakte imsak vakti denir. İmsak, oruçlunun normal zamanlarda kendisine helal olan yemek ve içmek gibi işlerden kendini alıkoyması demektir. Dolayısı ile imsak süresi tam bir oruç günü kadardır.

İmsaktan önce sahura kalkılır, gün boyu oruçlu geçeceği için sahurda yemek yenir ve su içilir. Peygamber Efendimiz sahurda bereket bulunduğunu bildirmiş ve tavsiye etmiştir.

Oruç, akşamleyin güneşin battığı anda bozulur. Buna iftar denir.

Kefaret Cezası

Ramazan ayında, oruca niyet edilmişken kasten yemek, içmek veya cinsel ilişki ile oruç bozulur. Sigara, nargile ve diğer enfiye türü dumanlı maddeler kullanmak da orucu bozar. İşte orucu bozan bu amellerin kasten yapılmasının cezası vardır. Buna kefaret denir.

Orucun kefareti 3 şekilde ödenir:

1. Bir köle azat etmek. Buna güç yetmiyor ya da (günümüzde olduğu gibi) böyle bir imkân yoksa;

2. 60 gün oruç tutmak. Buna güç yetmiyorsa;

3. 60 yoksulu bir gün ya da 1 yoksulu 60 gün doyurmak.

Eğer oruç tutulacak ise, kefaret orucunu ara vermeden tutmak gerekir. Ayrıca bir gün de ramazan orucunu kaza etmek gerekmektedir ki, bu sebeple halk arasında ramazan orucunun kefareti 61 gün diye bilinir.

Eğer yoksulu doyurmak yerine ücreti verilecek ise, her bir gün için en az bir fitre miktarı vermek gerekir.

Fidye

Yapılması gerektiği hâlde yapılamamış, yahut kusurlu olarak yapılmış olan bazı ibadetlerin yerine geçmek karşılığında ihtiyaç sahibi insanlara yapılan ödemeye fidye denilir.

Ağır ve sürekli hastalık ya da yaşlılık sebebiyle oruç tutamayanlar tutamadıkları gün miktarınca fidye verirler. Tutulamayan oruçlar için fidye olarak her bir gün için bir fitre miktarı ücret verilir.

Ağır hastalığı ya da sürekli hastalığı olup da oruç tutamayacağı belli olan kimseler eğer ileride sıhhatlerine kavuşup oruç tutabilecek duruma tekrar gelirlerse, fidye ödemiş olsalar dahi yeniden oruçlarını kaza ederler. Çünkü orucun fidye ödeme ile yapılan edası, hastalık mazereti sebebiyle caizdir. Hastalık da ortadan kalktığına göre oruç tutmak gerekir.

Oruç tutamayan fakat fidye ödeyecek durumu da olmayan fakirler için bir sorumluluk yoktur. Allah'tan af dilerler.

Orucu Bozan Şeyler

Orucu kasten bozmanın sadece kazayı değil aynı zamanda kefareti de gerektirdiğini gördük. Şimdi de hangi durumlarda oruç bozulur sorusuna cevap arayalım.

Yukarıda işaret edilen ve kefaret gerektiren durumlarda, eğer kişi kendi isteği ile bunları yapmamış ise sadece orucu bozulur. Yerine bir gün kaza orucu gerekir.

Ayrıca şu hâllerde de oruç bozulmuş sayılır ve sadece kaza gerekir:

1. Sahur vakti geçtiği hâlde, geçmedi zannıyla sahur yemek

2. Güneş battı, iftar oldu zannıyla oruç bozmak

3. Unutarak yiyip içtikten sonra, orucum bozuldu zannıyla, bilerek yiyip içmek

4. Dişler arasında kalan nohut tanesi kadar şeyi yemek

5. Abdest alırken boğaza veya buruna su çekerken genze hata ile suyun kaçması

6. Taş, toprak, çakıl taşı, demir, bakır, altın ve gümüş gibi madenleri yutmak

7. Başkasının zorlaması sebebiyle oruç bozmak

8. Kendi isteğiyle kusmak.

Orucu Bozmayan Şeyler

1. Unutarak yemek, içmek

2. Nehre veya suya dalmak suretiyle suya girmek

3. Serinlemek için yıkanmak, yüzmek veya yaş bir elbise ile serinlemek (Ancak özellikle su yutmadan yüzmek güç olduğu için oruçlunun derin suya girmekten sakınması veya girmek zorunda kalmışsa dikkatli olması gerekir.)

4. Göze ve buruna ilaç damlatmak veya göze sürme çekmek

5. Astımlı hastalarının sprey kullanması

6. Bazı kalp rahatsızlıklarında dil altı hapının kullanılması

7. Kan aldırmak veya hacamat yaptırmak

8. Su ile ıslatılmış olsa bile oruçlu iken misvak kullanmak

9. Ağıza ve buruna su vererek çalkalamak ve sümkürmek (Fakat içeriye bir şeyin gitmemesi için özen gösterilmelidir.)

10. Cünüp olarak sabahlamak (Cünüplük gün boyunca devam etse de orucu bozmaz. Ancak cünüplükten temizlenmek namaz kılmak için farzdır.)

11. Kişinin kendi isteği dışında, boğazına duman veya un, toprak yahut kum tozları, sinek veya ilaçların tadının girmesi

12. Diş çektirmek (Ancak kan veya ilaçtan hiçbir şeyi yutmamak gerekir.)

13. Ağızdaki tükürüğü yutmak

14. Kendi kendine gelen kusmuk (Ağız dolusu bile olsa bu kusma kendiliğinden içeri giderse, orucu bozmaz.)

15. Deri altına, kaslara veya damara iğne yapmak (Gıda amaçlı olmaması gerekir.)

16. Gül, çiçek, esans, misk gibi güzel kokuları koklamak.

Oruç ve Çeşitli Meseleler

1. Oruç tutamayacak derecede yaşlı veya zayıf bünyesi olanın orucu:

Devam eden hastalığı nedeniyle yılın bütün mevsimlerinde oruç tutmaktan âciz olan kimseler oruç tutmazlar. Bunun yerine fidye verirler.

2. Ağır işlerde çalışan işçilerin orucu:

Ağır işte çalışan kimse açlık veya susuzluk sebebiyle zararı bilfiil gerçekleşirse orucunu bozabilir. Ancak çalışan oruçlu kimse iş sebebiyle hasta olacağını bilse bile, daha hasta olmadan orucunu bozması veya hiç oruca başlamaması caiz değildir.

Çok zor ve ağır işlerde çalışan işçiler, oruç tuttukları takdirde ölümcül bir sağlık sorunu yaşayacaklarından endişe ediyorlarsa ve işlerini terk etmek hayatlarını sürdürmeye zarar verecekse oruçlarını bozar ve tutamadıkları günleri kaza ederler. Eğer işlerini terk etmekten ötürü zarar bulunmayacaksa ve buna rağmen oruçlarını bozarlarsa günahkâr olurlar.

3. Hamile, emzikli veya çalışmakta olan hanımların oruç tutması:

Ramazanda hamile veya emzikli olan kadınlar kendilerine yahut çocuklarına bir zarar gelmesinden endişe ediyorlarsa oruç tutmayabilirler. Daha sonra gününe gün kaza ederler.

4. Şiddetli açlık ve susuzluk durumunda oruç:

Oruçlu bir kimse açlıktan veya susuzluktan dolayı helak olacağından veya aklına eksiklik gelmesinden bir tecrübeye veya bir belirtiye yahut Müslüman bir doktorun haberine dayanarak korkarsa orucunu bozması caiz olur. Bunu daha sonra kaza eder. Hatta ölüm tehlikesi açıksa oruç tutması haram olur.

5. İzin yolculuğunda ve genel yolculukta orucun hükmü:

Ramazan ayında en az üç günlük, yani on sekiz saatlik bir yere gidecek kimse geceden oruca niyet etmeyebilir. Böylece o gün yola çıkınca oruçlu bulunmamış olur. Ancak bir kimse oruca başladıktan sonra gündüz yolculuğa çıksa, bu yolculuk o ilk gün için bir özür sayılmaz. Orucuna devam etmesi gerekir. Bununla birlikte bu kimse orucunu bozarsa yalnız kaza gerekir, kefaret gerekmez. Çünkü orucunu yolculuk özrüne dayalı olarak bozmuştur. Ancak zarar görmeyecekse yolcunun oruç tutması daha faziletlidir.

6. Okul ve üniversite öğrencilerinin imtihan ve spor günlerinde oruç tutması:

Oruç tutmayı mubah kılan özel hâller göz önüne alındığında öğrencilerin okul zamanlarında, bilhassa yaz aylarında ve ağır imtihan koşullarında oruç tutmaları konusunda şunları ifade edebiliriz:

a. Okula devam eden öğrencilerin, eğer ibadetle mükellef olma yaş ve şartları tutuyorsa oruç tutmaları farzdır.

b. Öğrenci, okulundaki yoğun ders baskısından veya hava koşullarından dolayı orucu tutamayacak duruma geldiğini veya gelebileceğini doktor raporu veya kendi zann-ı galibi ile tahmin edecek olursa orucunu tehir edebilir. Yani o gün oruca niyet etmez ve ramazan sonrasında kaza eder.

c. Orucu tehir etmenin veya oruç tutamamanın sebebi meşakkattir. Meşakkate sebep olabilecek bir sınavın uzunluğu, kısalığı, ehemmiyeti elbette önemlidir ve harcanacak enerji kaybına göre değerlendirilir. Bu gibi konularda “Fetvanı kalbinden al.” hükmü geçerlidir. Hiç kimse bir başkasını o şahsın kendisini tanıdığı gibi tanıyamaz ve hakkında hüküm veremez. İbadetler Allah rızası için yapılır. İnsanlar yanıltılabilir. Allah’ın yanıltılması mümkün değildir. Herkes neticede hesabını Allah’a verecek; Allah da herkese adaletle muamele edecektir.

فَمَنْ يَعْمَلْ مِثْقَالَ ذَرَّةٍ خَيْرًا يَرَهُ ۝٧ وَمَنْ يَعْمَلْ
مِثْقَالَ ذَرَّةٍ شَرًّا يَرَهُ ۝٨

"Kim zerre miktarı hayır yapmışsa onu görür. Kim de zerre miktarı şer işlemişse onu görür." (Zilzâl suresi, 99:7-8)

7. Sporcuların oruçlu iken antrenman yapmalarının durumu:

Burada mesele, yapılacak antrenmanın sağlık açısından oruçlu olmaya engel teşkil edip etmediği meselesidir. Antrenman veya bazı işler zordur, ama her zaman oruca engel değildir. Oruç, zamanı belirli bir farzdır. Müslüman da bu farzı dikkate alarak hayatını düzenler. Her zorluk bir imtihandır. Bu imtihana sabretmek, yani orucu bu zorluklar altında tutmak sevabını daha da artıracaktır. Lüzumlu ve zorunlu hâllerin dışında oruç, mutlaka eda edilecek bir farz ibadettir.

Orucun Hikmeti ve Fazileti

Oruç, helal olan şeyleri terk ederek belirlenmiş olan süre içerisinde Müslüman'ın kendisini tutarak sebretmesini sembolize eder. İnsanın aç ve susuz olarak hem de günün iaşe temin etme zamanlarında bu şekilde bir sabır ile imtihan edilmesi, şüphesiz ki Allah'ın emrine itaattir. Dolayısıyla oruç, her şeyden önce Allah'ın emrine kayıtsız şartsız teslim olmanın ifadesidir.

Zaten ibadetlerde esas olan, nefsin isteklerini bastırarak Rabbimizin isteklerine, bizim için yazdıklarına tam teslimiyettir. Onun içindir ki, Allah emrettiği için oruç tutar ve namaz kılarız. O emrettiği için zekât veririz. Kulun hedefi Allah'ın rızasına ulaşmaktır. Böyle olursa ramazan ayı boyunca tutulan oruç makbul olur. Kişi kendini ruhsal yönden hafiflemiş, manevi bakımdan arınmış hisseder ve böylece mutlulukların en büyüğünü elde eder. Bu anlamda oruç bir tür irade terbiyesidir, aynı zamanda sabır eğitimidir.

Oruçlu kişi acıksa yahut susasa da önünde duran iştah çekici yemeklere, soğuk sulara dokunmaz. İştahı çekse de oruç süresi boyunca onlara yaklaşmaz. Yanlışlıkla yemek yese, yanlışlıkla su içse, hiç kimsenin olmadığı bir yerde dahi kendisini suçlu gibi hisseder. Bu hissiyatın manası, Allah'a karşı verdiğimiz kulluk sözünü ihlal etme mahcubiyetidir. Hâlbuki onu gören, kontrol eden, baskı yapan biri de yoktur. Buna rağmen otuz gün boyunca aynı şeyler tekrarlansa da Müslüman kendine hâkim olmayı, iradesini terbiye etmeyi ve sabretmeyi başarır. Bu eğitimi vermeyi bu kadar kısa zamanda ve etkili biçimde hangi eğitim kurumu başarabilir?

Oruç ibadeti ile bu ibadetten ayrı olarak kanaat etmeyi, az ile yetinmeyi öğrenir, bu konudaki kabiliyetimizi 30 gün boyunca kendimiz test ederiz. Bu test esnasında, eğer imkânı olmayan insanların yoksulluk içinde nasıl yaşadıklarını düşünmeye başlayabilirsek, oruç sayesinde ilave bir kazancımız olur. Öyleyse oruç aynı zamanda sosyal ahlakımızı da geliştirir ve kuvvetlendirir.

Kulluğun en belirgin yönü olan teslimiyeti temsil etmesi bakımından oruç, her şeyden önce bir Allah'a karşı samimi bir kulluk ifadesidir. İşte bu yüzdendir ki, Allah orucu hassaten kendisinin mükâfatlandıracağını bildirmiştir. Şu hadîs-i şerif oruç hakkında söylenebilecekleri çok açık bir şekilde ortaya koymaktadır:

عَنْ أَبِي هُرَيْرَةَ أَنَّ رَسُولَ اللّٰهِ ﷺ قَالَ: الصِّيَامُ جُنَّةٌ فَلَا يَرْفُثْ وَلَا يَجْهَلْ وَإِنِ امْرُؤٌ قَاتَلَهُ أَوْ شَاتَمَهُ فَلْيَقُلْ إِنِّي صَائِمٌ مَرَّتَيْنِ وَالَّذِي نَفْسِي بِيَدِهِ لَخُلُوفُ فَمِ الصَّائِمِ أَطْيَبُ عِنْدَ اللّٰهِ تَعَالَى مِنْ رِيحِ الْمِسْكِ يَتْرُكُ طَعَامَهُ وَشَرَابَهُ وَشَهْوَتَهُ مِنْ أَجْلِي الصِّيَامُ لِي وَأَنَا أَجْزِي بِهِ وَالْحَسَنَةُ بِعَشْرِ أَمْثَالِهَا

Ebû Hureyre (r.a.)'ın bildirdiğine göre Peygamber Efendimiz (s.a.v.) şöyle buyurmuştur: *"Oruç koruyucu bir kalkandır. Oruçlu kimse kötü söz söylemesin, eşine yaklaşmasın ve cahillik yapmasın. Eğer herhangi bir kimse kendisiyle kavga etmek ister ya da hakaret ederse, oruçlu kimse ona iki defa 'Ben oruçluyum.' desin. Nefsim elinde olan Allah'a yemin ederim ki, oruçlunun ağız kokusu Yüce Allah katında misk kokusundan daha temizdir. Yüce Allah buyurur ki: 'Oruçlu kimse benim için yemesini, içmesini, cinsî arzusunu terk eder. Oruç, yalnız benim için tutulur. Onun ecrini de ben veririm.' Hâlbuki diğer güzel amellerin hepsine on kat karşılık verilir."* (Buhârî, Savm, 2, H. No: 1894)

Bu hadîs-i şerif orucun sadece yemek ve içmekten uzak durmayı değil, aynı zamanda hırçınlığı, kötü sözü, kötü düşünce ve davranışları da terk etmek manasına geldiğini bildirmektedir. Bir başka hadîs-i şerif de yalan konuşmaya dikkat çekmektedir:

عَنْ أَبِى هُرَيْرَةَ قَالَ: قَالَ رَسُولُ اللّٰهِ ﷺ مَنْ لَمْ يَدَعْ قَوْلَ الزُّورِ وَالْعَمَلَ بِهِ، فَلَيْسَ لِلّٰهِ حَاجَةٌ فِى أَنْ يَدَعَ طَعَامَهُ وَشَرَابَهُ

Ebû Hureyre (r.a.)'dan nakledildiğine göre, Resûlullah (s.a.v.) şöyle buyurmuştur: *"Yalanı ve yalana göre hareket etmeyi terk etmeyenin yemeyi içmeyi bırakmasına Allah'ın ihtiyacı yoktur!"* (Buhârî, Savm, 8, H. No: 1903)

Efendimiz (s.a.v.)'in bir başka hadisine göre bedenin bir zekâtı olan oruç, hakiki şekliyle ve ihlasla tutulduğunda Müslüman'ı koruyan bir ameldir:

عَنْ أَبِى هُرَيْرَةَ قَالَ: قَالَ رَسُولُ اللّٰهِ ﷺ
لِكُلِّ شَىْءٍ زَكَاةٌ وَزَكَاةُ الْجَسَدِ الصَّوْمُ

Ebû Hureyre (r.a.)'ın anlattığına göre Allah Resulü (s.a.v.) şöyle buyurmuştur: *"Her şeyin bir zekâtı vardır. Bedenin zekâtı da oruçtur."* (İbn Mâce, Sıyâm, 44, H. No: 1817)

Peygamber Efendimiz (s.a.v.), Muâz bin Cebel ile yaptığı uzun bir sohbetin bir bölümünde şöyle buyurmuşlardır:

أَلاَ أَدُلُّكَ عَلَى أَبْوَابِ الْخَيْرِ الصَّوْمُ جُنَّةٌ وَالصَّدَقَةُ
تُطْفِئُ الْخَطِيئَةَ كَمَا يُطْفِئُ الْمَاءُ النَّارَ

"Sana hayır/iyilik kapılarını göstereyim mi? Oruç (günahlara ve cehenneme karşı) koruyucu bir perdedir/zırhtır. Sadaka aynen suyun ateşi söndürmesi gibi hataları yok eder." (Tirmizî, İman, 8, H. No: 2616)

Orucun insan sağlığı için de önemli bir ibadet olduğu bilimsel olarak da tespit edilmiştir. Ancak biz Müslümanlar orucun bu yönü sebebiyle değil, Allah'ın emri olması bakımından oruç tutarız. Elbette ki orucun sağlığımıza faydalı oluşu da Rabbimizin bu ibadette sakladığı hikmetlerden birisidir.

Zekât

Zekât İbadeti

Zekât mal ile yapılan bir ibadettir. Peygamber Efendimiz (s.a.v.) tarafından İslam'ın beş şartından biri olarak bildirilmiştir.

Tevbe suresinin 103. ayetinde Peygamber Efendimize Müslümanların mallarından zekât alarak hak sahiplerine vermesi emredilmiştir:

خُذْ مِنْ اَمْوَالِهِمْ صَدَقَةً تُطَهِّرُهُمْ وَتُزَكّ۪يهِمْ بِهَا وَصَلِّ
عَلَيْهِمْۜ اِنَّ صَلٰوتَكَ سَكَنٌ لَهُمْۜ وَاللّٰهُ سَم۪يعٌ عَل۪يمٌ ﴿١٠٣﴾

"Onların mallarından sadaka al; bununla onları (günahlardan) temizlersin, onları arıtıp yüceltirsin. Ve onlar için dua et. Çünkü senin duan onlar için sükûnettir (onları yatıştırır). Allah işitendir, bilendir."

Zâriyât suresinin 19. ayetinde ise genel ifade ile, fakir ve yoksul insanların zengin ve varlıklı insanların mallarında hak sahibi oldukları ifade edilmektedir:

وَفِىٓ اَمْوَالِهِمْ حَقٌّ لِلسَّٓائِلِ وَالْمَحْرُومِ ﴿١٩﴾

"Onların mallarında (yardım) isteyen ve (iffetinden dolayı isteyemeyip) mahrum olanlar için bir hak vardır."

Buradan hareketle, zekât ve sadaka ibadeti ile zenginler, fakir ve yoksulların haklarını onlara teslim etmektedirler.

Kimler Zekât Verir?

Zekât vermek için iki ayrı şart vardır. Bunlardan birincisi dinî bakımdan mükellef olmaktır. Bu duruma göre, Müslüman olmayanlar, akil ve baliğ olmamış çocuklar ibadetle mükellef olmadıkları için zekât vermekle de mükellef değildir. Ancak bazı âlimler, çocuklar mükellef olmasa bile onların mallarını işleten velilerinin bu mallardan zekât vermekle mükellef olduklarını bildirmişlerdir. Ayrıca kişinin sahip olduğu mala tam malik olması yani hür olması gerekir.

İkinci şart ise nisap miktarı mala sahip olmaktır. Nisap miktarı mal, kişinin (baktığı ailesi var ise baktıkları da dâhil) tüm temel ihtiyaçlarını karşıladıktan sonra elinde kalan 80 gram altın değerindeki miktardır. Bu miktardan fazla malı bulunan kimse, temel ihtiyaçlarını karşıladıktan sonra bir yıl geçince zekâtını ödeyecektir.

Zekât malı için illa altına sahip olmak gerekmez. Mesela bir kimsenin sadece 50 gram altını olsa, ama bir yıl sonra toplam parası 80 gram altının değerinden fazla ise, bu 50 gram altının da zekâtını ödemesi gerekir.

Zekât altın, para ve para cinsinden mallar için 40'ta bir olarak ödenir. Yani yüz liraya karşılık, 2.5 lira şeklinde ödeme yapılır.

Zekâtın geçerli olması için zekât veren kişinin niyet etmesi, alma hakkı olan kişinin de verilen miktarı tam mülkiyetine geçirmesi gerekir.

Havâic-i Asliyye - Temel İhtiyaçlar

İnsanın hayatını sürdürmesi için gerekli ihtiyaçlara havâic-i asliyye denir. Bunun manası temel ihtiyaçlar demektir. Asli (temel) ihtiyaçlar insanın hayat ve hürriyetini korumak için muhtaç olduğu şeylerdir. Bunlar barınma, nafaka (yiyecek, giyecek ve sağlık giderleri), ulaşım, eğitim, ev eşyası, sanat ve mesleğe ait alet ve makineler, kitaplar, güvenlik amacıyla kullanılan aletler ve elektrik, su, yakıt, aidat vb. diğer cari giderler ile bu temel ihtiyaçları karşılamak için ayrılan paradır.

Bunları maddeler hâlinde şu şekilde gösterebiliriz:

1. Kişinin kendisinin ve geçindirmekle yükümlü bulunduğu kimselerin geçimi için harcadığı mallar (yiyecek, içecek ve giyecek gibi)

2. Mesken ya da kira için yapılan harcamalar

3. Normal değerde ev eşyası

4. Eğitim ve öğrenim harcamaları

5. İlim öğrenmek için bulundurulan kitaplar

6. Ticaret veya eğitim için seyahat harcamaları (ticari kiralar da dâhil)

7. Tedavi harcamaları

8. Binek harcamaları (at, merkep, otomobil ve otomobil için harcanan yakıt)

9. Çiftçinin traktörü, zirai araç ve gereçleri, yakıt harcamaları

10. Meskenlerin ısınma harcamaları

Zekâta Tabi Mallar

Zekât, çoğalan mallardan verilir. Altın, para ve ticaret mallarında bu iş ticaret ile gelişir. Hayvanlarda üreme, ziraat mallarında ise ekim veya toplama ile olur. Dolayısı ile altın, gümüş, yabancı para, ticaret malları, ziraat ürünleri ve hayvanlar zekâta tabidir. Para, para hükmündeki madenler ile ticaret ürünlerinden 40'ta 1 oranında, hayvanlardan hayvanın cinslerine göre değişen oranlarda, tarım ürünlerinde ise, toprağın sulama ve işlenmesine göre değişen oranlarda zekât verilir.

Bugün hisse senedi gibi para yerine geçen mallar ve ticaret araçları da para hükmündedir.

Zekât Kimlere Verilir?

Zekâtı hak eden kimseler de yine Allah tarafından Kur'ân-ı Kerîm'de açıklanmıştır. Tevbe suresinin 60. ayetinde zekât alabilecek kişiler şöyle sıralanmıştır:

إِنَّمَا الصَّدَقَاتُ لِلْفُقَرَآءِ وَالْمَسَاكِينِ وَالْعَامِلِينَ
عَلَيْهَا وَالْمُؤَلَّفَةِ قُلُوبُهُمْ وَفِى الرِّقَابِ وَالْغَارِمِينَ
وَفِى سَبِيلِ اللّٰهِ وَابْنِ السَّبِيلِ ۜ فَرِيضَةً مِنَ اللّٰهِ ۜ
وَاللّٰهُ عَلِيمٌ حَكِيمٌ ﴿٦٠﴾

“Sadakalar (zekâtlar) Allah’tan bir farz olarak: Fakirlere, miskinlere, zekât işinde çalışanlara, kalpleri İslam’a ısındırılmak istenenlere, kölelere, borçlulara, Allah yollunda olanlara ve yolda kalmışlara aittir. Allah bilendir, tam hüküm ve hikmet sahibidir.”

Dikkat edilirse bu ayette zekâta sadaka denilmiştir. Sadaka, bir bakıma Allah’a bağlılığı, sadakati ifade etmektedir. Sadakat, tam bağlılık demektir.

Zekât Kimlere Verilmez?

Zekât kişinin usûl ve furû’una verilmez. Usûl, anne-baba, nine ve dedelerdir. Furû’ da, eş (karı-koca), çocuklar ve torunlardır. Ayrıca zengin olan kimselere, onların ana-baba ve çocuklarına da zekât verilmez. Müslüman olmayanlara, Peygamber Efendimizin yakınlarına ve soyundan gelenlere de zekât verilmez. Ancak, Hz. Ömer (r.a.) ile bazı âlimler, zimmi (İslam ülkelerinde yaşayan gayrimüslim) fakirlere de zekât verilebileceğini söylemişlerdir.

Zekâtın Toplanması

Açıklandığı üzere, zekâtın toplama ve dağıtımında boşluk oluşturmamak için Müslümanlar zekâtlarını bir organizasyon çerçevesinde ödeme gayreti içine girmeli, mutlaka zekât kurumlarını kurmalıdırlar. Zekât İslam'ın diğer sosyal güvenlik tedbirlerinin motoru niteliğindedir. Dolayısı ile zekâttan beklenen fonksiyonların elde edilebilmesi için onun kurumlaştırılması ve eksiksiz bir organizasyonla amacına uygun olarak dağıtılması gerekir. Zira bu mali ibadet işlevini ancak o zaman tam manasıyla yerine getirebilir. İslam âlimleri bu konunun üzerinde ısrarla durmaktadırlar.

Zekât Allah'ın isminin yüceltilmesi, toplumsal birlik ve dirliğin sağlanması içindir. Onun için de Kur'an'ın ruhuna uygun, amaca uygun olarak zekât verilmesi gerekir. Zekât ve fitre yalnızca fakirlerin hakkı olmayıp, zekâta hak kazanan başka gruplar da vardır. Onun için de zekatın itina ile toplanıp, adaletle dağıtımının yapılması gerekir. İslam Toplumu Millî Görüş (IGMG) teşkilatlarının Zekât Fonu bu amaçla oluşturulmuş ve faaliyet göstermekte olan güzel bir örnektir.

Zekâtın Dağıtılması

Zekâtlar bir organizasyon çerçevesinde toplandığına göre bu organizasyon aynı zamanda dağıtmakla da görevli olur. Dağılımın Tevbe suresinin 60. ayetinde belirlenen şu yerlere, ihtiyaca göre dağıtılması en uygun olanıdır:

1. Fakirler
2. Miskinler
3. Zekât toplama ve dağıtma işinde çalışanlar
4. Kalpleri İslam'a ısındırılmak istenenler
5. Köleler
6. Borçlular
7. Allah yollunda olanlar
8. Yolda kalmışlar.

Kur'ân-ı Kerîm'de geçen sekiz sınıfa zekâtın dağıtımını mal sahiplerinin kendisi mi yapar; yoksa bir kurum mu aracılık eder konusu önemlidir. Ayet ve hadisleri, imamların içtihatlarını incelediğimizde bu görevi bir otoritenin yaptığını ve yapabileceğini görmekteyiz. Bu bağlamda, Tevbe suresinin 103. ayeti gayet açıktır. Bu âyet-i kerîmede Allah (c.c.) şöyle buyurmaktadır: *"Onların mallarından sadaka (zekât) al; bununla onları (günahlardan) temizlersin, onları arıtıp yüceltirsin. Ve onlar için dua et. Çünkü senin duan onlar için sükûnettir (onları yatıştırır). Allah işitendir, bilendir."*

Ayette zekâtın toplanması konusu bizzat Peygamber Efendimiz (s.a.v.)'den talep edilmiştir. Efendimiz (s.a.v.) zekâtın alınması, dağıtılması ve verilmesini emreden ve açıklayan ayete uygun olarak, Muâz b. Cebel (r.a.)'ı Yemen'e gönderirken şu şekilde tembihte bulunmuştur: *"Ey Muâz! Zenginlerine mallarından alınıp fakirlerine dağıtılmak üzere zekât ibadetinin farz kılındığını söyle. Bunu da kabul ederlerse, onların mallarının zekâtını alırken, içinden en iyilerini alma, en kötülerini de alma, orta olanından al."*

Bütün bunlardan anlaşılan şudur ki, zekâtın toplanması devlet veya Müslümanların oluşturduğu temsil kurumları ve teşkilatlar aracılığı iledir. Bu kurumlar da zekâtın harcanması gereken yerleri ihtiyaca binaen tespit eder ve oralara sarf ederler.

Sağ Elin Verdiğini Sol Elin Bilmemesi

Kuruma verilen zekâtlar sağ elin verdiğini sol elin bilmemesi ahlakına uygun güzel bir örnektir. Peygamberimiz (s.a.v.) hiçbir gölgenin olmadığı kıyamet gününde, Allah'ın özel misafirlerini sayarken, sağ elinin verdiğini sol eli bilmeyecek kadar gizli verenleri de saymıştır. Çünkü birbirlerini tanıyan çevrelerin ve akrabaların birbirlerine verdikleri zekâtlar incitme ve başa kakma olaylarını da beraberinde getirebilmektedir. Bu da sadaka ve zekâtın sevabını yok eder. Allah (c.c.) Bakara suresinin 262. ayetinde şöyle buyurmuştur:

اَلَّذِينَ يُنْفِقُونَ اَمْوَالَهُمْ فِي سَبِيلِ اللّٰهِ ثُمَّ لَا
يُتْبِعُونَ مَٓا اَنْفَقُوا مَنًّا وَلَٓا اَذًى لَهُمْ اَجْرُهُمْ عِنْدَ
رَبِّهِمْ وَلَا خَوْفٌ عَلَيْهِمْ وَلَا هُمْ يَحْزَنُونَ ﴿٢٦٢﴾

"Mallarını Allah yolunda harcayıp da arkasından başa kakmayan, fakirlerin gönlünü kırmayan kimseler var ya, onların Allah katında mükâfatları vardır. Onlar için korku yoktur, üzüntü de çekmeyeceklerdir."

Zekâtı Verilmeyen Mallar

Zekâtı verilmeyen mal dünyada yokluğa, ahirette ise azaba sebeptir. Peygamberimiz (s.a.v.)'in yanına bir anne kızıyla birlikte geldi. Kızın kolunda altından iki kalın bilezik vardı. Resûlullah (s.a.v.) kadına; *"Bunların zekâtını verdin mi?"* diye sordu. Kadın "Hayır." diye cevapladı. Efendimiz: *"Kıyamet günü Allah'ın onları sana ateşten iki bilezik yapması hoşuna gider mi?"* diye sordu. Bunun üzerine kadın, bilezikleri çıkarıp derhâl Resûlullah'ın önüne bıraktı ve "Bunlar Allah ve Resulüne aittir." dedi.

Fitre

Fitreye sadaka-ı fıtr da denir. Fıtrat, yaratılmış olma, var olma, yani dünyaya gelme sadakası demektir. Ramazan ayı sonunda, nisap miktarı mal varlığına sahip olan Müslümanların, bayram namazından önce ödemekle mükellef bulundukları vacip bir sadakadır. Bütün aile fertleri için fitre ödenir. Bayram namazından önce dünyaya gelen yeni doğanlar için de sadaka-i fıtır ödemek icap eder.

Fitreye ayrıca fitre zekâtı da denir. Resûlullah (s.a.v.) fitre zekâtını bir ölçek hurma, bir ölçek arpa olmak üzere köle, hür, erkek ve kadınlara, küçük ve büyüklere farz kılmış ve bayram namazından önce verilmesini emretmiştir. Fitre bugün daha kolay ödeme olsun diye, bir fakirin bir günlük yiyeceğine denk gelecek şekilde para olarak ödenmektedir.

Hanbelî ve Şâfiî mezhebi ile âlimlerin büyük çoğunluğu, fitrenin de zekât gibi farz olduğunu kabul etmişlerdir. Hanefî mezhebi ise vacip olduğu görüşündedir.

Fitre mükellefi için nisap şartı vardır. Ancak, zekâtta olduğu gibi bir yıl şartı yoktur. Fitre, zekâtın verileceği yerlere verilir.

Zekât ve Fitrenin Hikmeti ve Fazileti

Zekât ve fitre mali ibadetlerdendir. Zekât ve fitrenin hikmetlerinden bazılarını da mutlaka gelir, mal-mülk ile ilgili diğer alanlarda ve insanın mala-mülke olan düşkünlüğünü tamir edici özelliğinde aramak ve buralarda bulmak mümkündür.

İslam dini yardımlaşmayı sadece teşvik etmez; zekât ve fitre gibi belirli ödemelerde sistemleştirir. Zekât ve fitre zorla yapılan bir yardım da değildir. Çünkü Rabbimizin ihsan ettiği nimetlere bir şükür arzı ve nişanesi olarak, Allah tarafından hak sahiplerinin hakkı olarak takdir edilmiştir. Böylece, sahip olunan malın en azından belirli oranda ihtiyaç sahiplerine verilmesi ile aynı zamanda insanın bitmek tükenmek bilmeyen mal mülk biriktirme hırsının bastırılması, yardıma ihtiyacı olanların düşünülmesi hedeflenmektedir. Bu hâliyle zekât ve fitre, toplum katmanları içerisinde imkânı olan ile olmayanlar arasında köprü olmakta ve toplumsal huzuru teminde önemli bir fonksiyon icra etmektedir. Sosyal barış denilen toplum katmanları arasındaki uyumun temini zekât ve fitre ile sistemleştirilmiş olmaktadır.

Zekât ve fitre, mal-mülk sahibinin sahip olduğu varlıkları, malı eksiltmez. Aksine bereketini artırdığı gibi çoğu zaman bizzat malı da artırır. Ebû Hureyre (r.a.)'dan nakledildiğine göre, Allah Resulü (s.a.v.) şöyle buyurmuştur:

عَنْ أَبِى هُرَيْرَةَ عَنْ رَسُولِ اللّٰهِ ﷺ قَالَ: مَا نَقَصَتْ صَدَقَةٌ مِنْ مَالٍ

"Sadaka/zekât vermek, maldan hiçbir şey eksiltmez..." (Muslim, Birr, 69, H. No: 6592)

Bir başka hadîs-i şerifte ise zekâtın farz kılınma sebeplerinden birisi olarak kazanılan malı temizleme özelliği bildirilmiştir:

عَنِ ابْنِ عَبَّاسٍ قَالَ: لَمَّا نَزَلَتْ هَذِهِ الْآيَةُ: "وَالَّذِينَ يَكْنِزُونَ الذَّهَبَ وَالْفِضَّةَ وَلَا يُنْفِقُونَهَا فِي سَبِيلِ اللّٰهِ فَبَشِّرْهُمْ بِعَذَابٍ اَلِيمٍ" قَالَ كَبُرَ ذَلِكَ عَلَى الْمُسْلِمِينَ فَقَالَ عُمَرُ أَنَا أُفَرِّجُ عَنْكُمْ

فَانْطَلَقَ فَقَالَ يَا نَبِيَّ اللّٰهِ إِنَّهُ كَبُرَ عَلَى أَصْحَابِكَ
هَذِهِ الْآيَةُ فَقَالَ رَسُولُ اللّٰهِ ﷺ إِنَّ اللّٰهَ لَمْ يَفْرِضِ
الزَّكَاةَ إِلَّا لِيُطَيِّبَ مَا بَقِيَ مِنْ أَمْوَالِكُمْ

İbn Abbas (r.a.)'dan şöyle rivayet edilmiştir: *"Altın ve gümüşü biriktirip gizleyerek onları Allah yolunda harcamayanları elem dolu bir azapla müjdele."* (Tevbe suresi, 9:34) ayeti indiğinde bu durum ashaba ağır geldi. Hz. Ömer, ben bunu sizin için sorayım diyerek Allah Resulü'ne gitti ve *"Ey Allah'ın Nebisi. Bu ayet ashabına ağır geldi."* dedi. Bunun üzerine Peygamber Efendimiz (s.a.v.) şöyle buyurdu: *"Allah zekâtı ancak mallarınızın kalan kısmını temizlemek için farz kıldı."* (Ebû Dâvûd, Zekât, 33, H. No: 1664)

Allah rızası için Allah'ın belirlediği yerlere sarf edilen zekât, malı-mülkü de koruyan bir ibadettir. Zira Peygamber Efendimiz (s.a.v.) şöyle buyurmuştur:

دَاوُوا مَرْضَاكُمْ بِالصَّدَقَةِ وَحَصِّنُوا أَمْوَالَكُمْ
بِالزَّكَاةِ وَأَعِدُّوا لِلْبَلَاءِ الدُّعَاءَ

"Hastalarınızı sadaka ile tedavi edin, mallarınızı zekâtla koruyun, belayı dua ile savuşturun." (Beyhakî, es-Sünenü'l-kübrâ, 3/382, H. No: 6689)

Bir başka hadiste ise zekâtın, Müslümanların Allah'a itaat ettiklerini gösteren bir delil olduğuna vurgu yapılmıştır:

عَنْ أَبِى مَالِكٍ الْأَشْعَرِيِّ أَنَّ رَسُولَ اللّٰهِ قَالَ:
الزَّكَاةُ بُرْهَانٌ

Ebû Mâlik el-Eş'arî'den nakledildiğine göre, Allah Resulü (s.a.v.) şöyle buyurmuştur: *"Zekât, (kişinin Müslümanlığının) bir delilidir."* (Nesâî, Zekât, 1, H. No: 2437)

Zekât manevi olarak insanı temizler. İnsan hayatı boyunca pek çok hatalar, hatta günahlar işlemekte, istemese de Allah'a ibadet ve itaatinde ihmalkârlık gösterebilmektedir. Bu hata ve ihmalkârlıkların Allah indinde bağışlanmaya vesile olması bakımından zekât, zengin Müslüman'ın önünde büyük bir imkândır:

عَنْ كَعْبِ بْنِ عُجْرَةَ قَالَ: قَالَ لِى رَسُولُ اللّٰهِ ﷺ
وَالصَّدَقَةُ تُطْفِئُ الْخَطِيئَةَ كَمَا يُطْفِئُ الْمَاءُ النَّارَ

Kâ'b b. Ucre, Allah Resulü (s.a.v.)'in ona şöyle buyurduğunu aktarmıştır: *"Sadaka/zekât vermek, suyun ateşi söndürdüğü gibi hataları yok eder."* (İbn Mâce, Zühd, 22, H. No: 4210)

Kimin ne kadar malı olduğunu elbette ki sadece kendisi bilir. Dolayısıyla ne kadar zekât vereceğine yine kendisi karar verecektir. Zekât bir borç değildir. Gönülden yani gönül huzuru ile verilmesi gerekir. Çünkü zekât bir ibadettir. Veren kişinin şahsiyetini geliştirir, kalbini yumuşatır. Bunun içindir ki, zekât verildikten sonra artık Allah indinde vazife tamamlanmış demektir. Zekât veriyorum diye zekât alanların huzursuz edilmesi, ikide bir zekât verildiğinin gündeme getirilmesi, zekâtın her türlü sevabını alıp götürür. Yüce Rabbimiz Kur'an'da bu konuya bir örnek vererek dikkat çekmiştir:

يَٓا اَيُّهَا الَّذٖينَ اٰمَنُوا لَا تُبْطِلُوا صَدَقَاتِكُمْ بِالْمَنِّ
وَالْاَذٰىۙ كَالَّذٖى يُنْفِقُ مَالَهُ رِئَٓاءَ النَّاسِ وَلَا
يُؤْمِنُ بِاللّٰهِ وَالْيَوْمِ الْاٰخِرِؕ فَمَثَلُهُ كَمَثَلِ صَفْوَانٍ
عَلَيْهِ تُرَابٌ فَاَصَابَهُ وَابِلٌ فَتَرَكَهُ صَلْدًاؕ لَا
يَقْدِرُونَ عَلٰى شَيْءٍ مِمَّا كَسَبُواؕ وَاللّٰهُ لَا يَهْدِى
الْقَوْمَ الْكَافِرٖينَ ﴿٢٦٤﴾

"Ey iman edenler! Allah'a ve ahiret gününe inanmadığı hâlde insanlara gösteriş olsun diye malını harcayan kimse gibi, sadakalarınızı başa kakmak ve gönül kırmak suretiyle

boşa çıkarmayın. Böylesinin durumu, üzerinde biraz toprak bulunan ve maruz kaldığı şiddetli yağmurun kendisini çıplak bıraktığı bir kayanın durumu gibidir. Onlar kazandıklarından hiçbir şey elde edemezler. Allah kâfirler topluluğunu hidayete erdirmez." (Bakara suresi, 2:264)

Öyleyse bu önemli ibadetin yerine getirilmemesi durumunda nasıl bir akıbet beklemektedir? Peygamber Efendimizin bu konuda pek çok uyarıları vardır. Ancak şu uyarısı en çok dikkat çekenlerden birisidir:

عَنْ أَبِي هُرَيْرَةَ عَنِ النَّبِيِّ ﷺ قَالَ: مَنْ آتَاهُ اللّٰهُ
عَزَّ وَجَلَّ مَالاً فَلَمْ يُؤَدِّ زَكَاتَهُ مُثِّلَ لَهُ مَالُهُ يَوْمَ
الْقِيَامَةِ شُجَاعًا أَقْرَعَ لَهُ زَبِيبَتَانِ يَأْخُذُ بِلِهْزِمَتَيْهِ
يَوْمَ الْقِيَامَةِ فَيَقُولُ أَنَا مَالُكَ أَنَا كَنْزُكَ ثُمَّ تَلَا هَذِهِ
الْآيَةَ: { وَلَا يَحْسَبَنَّ الَّذِينَ يَبْخَلُونَ بِمَا آتٰيهُمُ اللّٰهُ
مِنْ فَضْلِهِ هُوَ خَيْراً لَهُمْ بَلْ هُوَ شَرٌّ لَهُمْ سَيُطَوَّقُونَ
مَا بَخِلُوا بِهِ يَوْمَ الْقِيٰمَةِ وَلِلّٰهِ مِيرَاثُ السَّمٰوَاتِ
وَالْأَرْضِ وَاللّٰهُ بِمَا تَعْمَلُونَ خَبِيرٌ}

Ebû Hureyre (r.a.) Peygamber Efendimiz (s.a.v.)'in şöyle buyurduğunu söylemiştir: *"Allah azze ve celle kime mal verir de o kişi zekâtını ödemezse; kıyamet günü, zekâtı verilmeyen mal, sahibi için çok zehirli bir yılan suretine çevrilir. Bu yılanın iki gözü üstünde iki nokta vardır. Bu azgın yılan kıyamet gününde, mal sahibinin boynuna gerdanlık yapılır. Sonra yılan ağzıyla sahibinin çenesini iki taraftan yakalar ve sonra der ki: Ben senin malınım, zekâtını vermediğin malınım."* Allah Resulü sonra şu ayeti okudu:

"Allah'ın kendilerine lütfundan verdiği nimetlerde cimrilik edenler, bunun, kendileri için hayırlı olduğunu sanmasınlar. Hayır! O kendileri için bir şerdir. Cimrilik ettikleri şey kıyamet gününde boyunlarına dolanacaktır. Göklerin ve yerin mirası Allah'ındır. Allah yaptıklarınızdan hakkıyla haberdardır." (Âl-i İmrân suresi 3:180) (Buharî, Zekât, 3, H. No: 1402)

Fıtır sadakası da aynen zekât gibi önemli bir ibadettir. Üstelik fıtır sadakası, Ramazan Bayramı namazına kadar doğanlar da içinde olmak üzere çocuklar dâhil bir hanede bulunan herkes için verilir. Bu yüzdendir ki fıtır sadakasına kelime manalarından birisine uygun olarak yaratılış sadakası, herkesin vermiş olması bakımından da baş sadakası denilmektedir. Fıtır sadakası oruç, namaz ve diğer ibadetlerin yoğunlaştığı, dolayısıyla Müslümanların manevi hayatlarının yeniden dirilip canlandığı, ramazan ayının bereketidir. Müslüman oruç ile bedenini, zekâtı ile de malını arındırır. Bayrama eriştiğinde de bir şükür nişanesi olarak fıtır sadakası verir. Fıtır sadakası ramazan ayındaki ibadetleri zedeleyecek hataların giderilmesi için de bir vesile olur. Peygamber Efendimizin fıtır sadakasını zekât ile eş tutmuş olduğunu İbn Abbas (r.a.) şöyle aktarır:

عَنِ ابْنِ عَبَّاسٍ قَالَ: فَرَضَ رَسُولُ اللّٰهِ ﷺ زَكَاةَ الْفِطْرِ طُهْرَةً لِلصَّائِمِ مِنَ اللَّغْوِ وَالرَّفَثِ وَطُعْمَةً لِلْمَسَاكِينِ مَنْ أَدَّاهَا قَبْلَ الصَّلاَةِ فَهِىَ زَكَاةٌ مَقْبُولَةٌ وَمَنْ أَدَّاهَا بَعْدَ الصَّلاَةِ فَهِيَ صَدَقَةٌ مِنَ الصَّدَقَاتِ

"Resûlullah (s.a.v.) hem oruçluyu (işlediği) faydasız fiillerden ve (söylediği) kötü sözlerden temizlemek hem de fakirlere gıda (temin etmek) üzere fıtır zekâtını farz kıldı. Artık kim bunu bayram namazından önce öderse, o makbul bir zekâttır. Kim de bunu bayram namazından sonra öderse, o sadakalardan bir sadakadır." (Ebû Dâvûd, Zekât, 18, H. No: 1609)

Hac ve Umre

Hac İbadeti

Hac; namaz, oruç ve zekât ile birlikte İslam'ın beş temelini oluşturan ibadetlerden birisidir. Zengin sayılan her Müslüman'a ömürde bir kez olmak üzere farzdır. Ziyaret anlamına gelen hacdaki ziyaret mekânı Kâbe'dir. Kâbe, Mekke şehrindedir.

Haccın Müslüman'a farziyeti ayet ve hadislerde bildirilmiştir. Âl-i İmrân suresinin 97. ayetinde şöyle buyurulmaktadır:

وَلِلّٰهِ عَلَى النَّاسِ حِجُّ الْبَيْتِ مَنِ اسْتَطَاعَ اِلَيْهِ سَبِيلًا

"Yoluna gücü yetenlerin o evi haccetmesi, Allah'ın insanlar üzerinde bir hakkıdır."

Haccın Şartları

Hac; hür, akil ve baliğ bir Müslüman'a, asli ihtiyaçlarını karşıladıktan sonra, hacca gidip dönünceye kadar kendisinin ve bakmakla yükümlü olduğu aile fertlerinin ihtiyaçlarını giderecek kadar mala sahip olması şartı ile farzdır. Ancak sağlık ve yol güvenliği gibi yan şartları da vardır.

Bu sebeple haccı bizzat eda edemeyecek derecede sürekli bir hastalığa müptela olanlara ve yaşlılara hac farz değildir. Bu kişilerin bedelini ödeyerek, kendileri adına sağlıklı başka birini göndermeleri gerekir. Bu tür hacca bedel haccı denir.

Bir Müslüman'a haccın farz olması için zekât verecek konuma gelmesi şart değildir. Çünkü zekâtta, malın üzerinden bir yıl geçme mecburiyeti vardır.

Haccın Mekân ve Zamanı

Hac belirli yer ve aylarda yapılır. Belirli yer bizzat Kâbe, Kâbe'nin yanındaki Safa ve Merve tepeleri ile Arafat alanıdır. Bununla birlikte, Müzdelife ve Mina da hac mekânlarından sayılır. Hac mekânlarına "Harem bölgesi" denir.

Kâbe'yi Hz. İbrâhim (a.s.)'ın inşa ettiğine dair Kur'an bilgi verirken aslında ilk defa kimin inşa ettiği kesin olarak bilinmemektedir. Rivayetlere göre ilk inşa edenler meleklerdir. Sonra Hz. Âdem ve onun evlatlarıdır. Hz. İbrâhim ise, kaybolmuş olan Kâbe'yi yeniden inşa etmiş, ziyaret için insanları davet emri almıştır.

Hac ayları şevval ve zilkade aylarının tamamı ile zilhicce ayının ilk 10 günüdür. Fakat bunu yanlış anlamamak gerekir. Hac için ihrama şevval ayından itibaren girileceğine dikkat çekmek için şevval ve zilkade ayları hac ayı sayılmıştır. Zira zilhicce ayının 9. günü Arafat vakfesi yapılmadan hac tamamlanmış olmaz.

Haccın temel rüknü tavaftır. Tavaf, Kâbe'nin etrafında, sol tarafımıza aldığımız Hacerülesved'i selamlayarak başlar ve soldan sağa yedi kez Kâbe'nin etrafında dönülerek yapılır. Her bir dönüşe "şavt", yedi dönüşe de "tavaf" denir.

Haccın ikinci temel rüknü ise, zilhicce ayının 9. günü öğle vakti ile 10. günü fecr-i sâdık doğuncaya kadar Arafat'ta bir an bile olsa "vakfe" yapmaktır. Vakfe dikelmek, ayakta durmak demektir.

Haccın rüknü olan ve ziyaret tavafı diye bilinen "hac tavafı" ise Kurban Bayramı günlerinde yapılır. Bu günlerde tavaf yapılmaz ise ceza gereklidir ve daha sonra Kâbe tavaf edilmelidir.

İhram

Hac (ve umre) için ihramlı olmak gerekir. İhram iki çeşittir. Birincisi hac için özel elbisenin giyilmesidir. İkincisi ise, normalde kendisine mübah olan bazı şeyleri yapmamaya niyet etmektir. Bu hâle ihram hâli denir ki, ihrama girmek diye meşhur olmuştur. Hac (ve umre) için erkeklerin kuşandığı ve iki dikişsiz parçadan olan elbiseye ihram denir. Kadınların ise normal kıyafetleri ihram elbisesidir. İhram, Harem bölgesine uzaklıkları farklı olan ve adına mîkât denilen yerlerde giyilir ve buralarda ihrama girilir. Uçak ile Cidde'ye gidecekler, uçağa binmeden veya uçakta ihramlarını giyebilirler. Mîkât denilen sınıra varmadan önce ihrama girmiş olmak gerekir.

İhrama girme yerleri (mîkât) şunlardır:

Zülhuleyfe: Medineliler ve Medine üzerinden Mekke'ye

gelenler bu mîkâtta ihrama girerler. Medine yakınlarındaki Âbâr-ı Ali diye bilinen yerdir. Mekke'ye yaklaşık 450 kilometre uzaklıktadır.

Cuhfe: Şamlıların ve Mekke'ye Şam, Mısır ve Kuzey Afrika'dan gelenlerin mîkâtıdır.

Karnülmenâzil: Necd ve Kuveyt bölgesinden gelenlerin mîkâtıdır. Mekke'ye yaklaşık 96 kilometredir. Günümüzde buraya Seyl denilmektedir.

Yelemlem: Yemenlilerin mîkâtıdır. Mekke'nin güneydoğu yönünde yer alır. Mekke'ye yaklaşık 54 km mesafesi ile Mekke'ye en yakın mîkâttır.

Zâtüırk: Mekke'ye Irak yönünden gelenlerin mîkâtıdır. Mekke'ye uzaklığı yaklaşık 94 kilometredir.

Mekke'de ikamet edenler ise bulundukları yerde ihrama girerler.

İhramlı olan kimseye şunlar yasaktır:

1. Karı-koca ilişkisi, cinsellik yaşamak

2. Kötü söz söylemek ve insanlarla cedelleşmek, tartışmak, kavga etmek

3. Erkekler için ihram haricinde dikilmiş elbise giymek, başı örtmek (kadınlar için yüzü örtmek)

4. Ayağı tamamen örten ve kaplayan ayakkabı giymek (kadınlar giyebilir)

5. Av yapmak, koku sürünmek, tıraş olmak, tırnak kesmek, dikili ağaç ve bitkileri koparmak, kırmak veya kesmek.

İhramdan, kurban kestikten sonra saçların tıraş edilmesi ile çıkılır. Kadınlar saçlarını bir miktar kısaltırlar.

Haccın Eda Edilişi

Hac; ifrad haccı, temettu haccı ve kırân haccı olmak üzere üç şekilde eda edilir. Bu üç şeklin kendine has kuralları vardır.

İfrâd haccı: Umre yapmaksızın sadece hac menâsikini yerine getirmek suretiyle ifa edilen hacdır.

Temettu haccı: Hem umre hem de hac için iki kere ihrama girilerek yapılır. Hacdan önce umre yapılır. Umre ihramından çıkılır. Arafat'a çıkmadan önce tekrar hac için ihrama girilir ve hac yapılır.

Kırân haccı: Bu hacda sadece bir kere ihrama girilir. İhrama girerken hem umreye hem de hacca niyet edilir. İhramdan çıkmaksızın önce umre, sonra da hac yapılır.

Haccın Yapılışı

Hacca ihram için niyet edilir. Niyet: "Allah rızası için hac yapmaya niyet ettim. Allah'ım bunu bana kolaylaştır ve benden bunu kabul et." şeklinde yapılır. Niyetten sonra "telbiye" getirilir. Telbiye şunu söylemektir:

لَبَّيْكَ اللّٰهُمَّ لَبَّيْكَ لَبَّيْكَ لاَ شَرِيكَ لَكَ لَبَّيْكَ

إِنَّ الْحَمْدَ وَالنِّعْمَةَ لَكَ وَالْمُلْكَ لاَ شَرِيكَ لَكَ

"Lebbeyk Allâhumme lebbeyk, lebbeyke lâ şerîke leke lebbeyk, inne'l-hamde ve'n-ni'mete leke ve'l mülk, lâ şerike lek."

Manası: "Allah'ım! Buyur, ben senin davetine icabet ediyorum. Senin hiçbir ortağın yoktur. Tekrar senin davetine icabet ediyorum. Şüphesiz hamd sana mahsustur. Nimet senindir, mülk de senindir. Senin hiçbir ortağın yoktur."

Tavaf

Kâbe görününce *"Lâ ilahe illallah"* denir ve tekbir getirilir. *"Allahım! Senin rızan için hac (duruma göre umre) tavafı yapmak istiyorum. Bunu bana kolaylaştır ve kabul eyle."* diye niyet edilir. Hacerülesved köşesine gelinince buradan Kâbe *"Bismillahi Allahu Ekber!"* diye selamlanır ve Kâbe'nin etrafında toplam 7 kere dönülür.

Hacerülesved'i Kâbe'nin bu köşesine Hz. İbrâhim tavafa başlama işareti olarak yerleştirmiştir. Yaklaşık 30 cm büyüklüğündedir. Ebû Kubeys dağından alındığı bilinmekle birlikte asıl kaynağının neresi olduğunda ihtilaf vardır.

Kâbe'nin selamlanmasına "istilam" denir. Bu dönüşlerin her birine "şavt", yedi şavta da tavaf denir. Tavaf esnasında, Allah'a hamd ve şükredilir. Rabbenâ duaları okunup kelime-i tevhid, kelime-i şehadet, tekbir, tehlil ve salavatlar getirilir. Gönülden geçen dualar edilir. Tavaf esnasında kişi bildiği herhangi bir dilde meşru tüm duaları edebilir. Tavaf bitince Kâbe'nin herhangi bir yerinde iki rekât tavaf namazı kılınır ve Safa tepesine gidilir.

Hac için rükün olan tavaf ziyaret tavafıdır. Ziyaret tavafı ise bayram günlerinde yapılır.

Arafat öncesi Harem bölgesi dışından gelip Kâbe'ye gelenlerin yapması gereken ilk şey Kâbe'yi tavaf etmektir. Bu ilk tavafa kudûm (geliş/varış) tavafı denilir. İfrâd ve kırân haccı yapanlar, kudûm tavafından sonra sa'y yapmayabilirler. Bayram günleri yapacakları ziyaret tavafı sonrasında yaptıkları sa'y yeterli olur.

Tavaf Çeşitleri

Kudûm Tavafı: Kırân ve ifrad haccı için Mekke'ye gelenler, Mekke'ye (Kâbe'ye) gelmeleri sebebiyle hemen Kâbe'yi tavaf ederler. Kudûm bir yere gelmek, varmak veya ayak basmak demektir. Mekke'ye gelir gelmez ilk yapılacak ibadet tavaftır.

Ziyaret (İfâza) Tavafı: Arafat'tan inildikten sonra Kurban Bayramı gününde veya daha sonraki günlerde yapılması gereken tavaftır. Ziyaret tavafı haccın rükünlerindendir.

Vedâ (Sader) Tavafı: Hac için Mekke dışından gelenler, beldelerine geri dönerken tekrar Kâbe'yi tavaf ederler. Böylece Kâbe'ye veda etmiş olurlar. Sader geri dönüş demektir.

Tatavvu Tavafı: Mekke'de mukim olanların zaman zaman yaptıkları, hac veya umre için gelenlerin de Allah rızası için yaptıkları tavaftır.

Sa'y

Safa tepesinden başlayarak Merve tepesine dört kez gidilerek, Merve tepesinden de Safa tepesine üç kez geri gelinerek yapılan gidiş gelişlere sa'y denir. Her bir gidiş ve gelişe şavt denir ve yedi şavt ile sa'y tamamlanmış olur.

Safa tepesinde sa'ye niyet edilir. Gidip gelirken dua edilir, tekbir, tehlil ve salavat okunur. Gönülden geçen dualar yapılır. 7. şavtın sonunda Merve tepesinde Kâbe'ye dönülerek dua edilir ve sa'y bitirilir.

Hz. İbrâhim'in Hâcer validemiz ile oğlu İsmail'i Mekke'de bırakınca Hâcer anamız, Safâ ile Merve tepeleri arasında su aramak için gidip gelmiştir. O meşakkatli durumu anmak üzere hac ve umrede sa'y bir sembol hâline gelmiştir. Sa'yi Cebrail (a.s.) aynı zamanda İbrâhim (a.s.)'a öğretmiş, diğer peygamberler de Safâ ve Merve arasında sa'y etmeyi devam ettirmişlerdir.

Temettu haccı yapanlar Mekke'ye geldiklerinde umre tavafı ve arkasından sa'y yaptıktan sora tıraş olup ihramdan çıkarlar. Temettu haccı yapanlar, hac için tekrar ihrama gireceklerdir. Bu hacılar, bu umreden sonra hac ihramına kadar ihramsız bulunurlar. Temettu haccına niyet edenler Arafat'a çıkmadan önce yeniden hac için ihrama girerler. Sonra vakfe için Arafat'a çıkılır.

Kırân haccı yapanlar Mekke'ye geldiklerinde umre tavafı ve sa'y yaptıktan sonra ihramlı kalmaya devam ederler. Bu aşamada kesinlikle ihramdan çıkamazlar.

İfrad haccına niyet edenler ise Mekke'ye geldiklerinde tavaf ederler, sa'y yapmayabilirler. İfrad haccında da şeytan taşlanıncaya kadar ihramdan çıkılmaz.

Temettu haccına niyet edenler yeniden hac için ihrama girerler. Ardından vakfe için Arafat'a çıkılır.

Arafat Vakfesi

Arafat vakfesi tavaftan sonra haccın ikinci temel rüknüdür. Onun için zilhicce ayının 9. günü öğleden itibaren ertesi gün fecr-i sâdık doğuncaya kadar bir an bile olsa Arafat'ta, sınırları belirli olan bölgede durmak gerekmektedir. Buna Arafat vakfesi, (Arafat duruşu) denmektedir. Dolayısıyla Arafat vakfesi, belirlenen zamanda hac için ihramlı olarak Arafat sınırları içinde bulunmak demektir.

Arafat'a giderken de tekbir, tehlil ve telbiye getirilir, Efendimize salavat getirilir. Arafat'ta dua edilir, Kur'an okunur, sohbet edilir.

Arafat'ta öğle ve ikindi namazları öğle namazı vaktinde cem edilerek kılınır.

Güneş battıktan sonra Arafat'tan Müzdelife'ye gidilir. Müzdelife'de akşam namazı ile yatsı namazı, yatsı namazı vaktinde birleştirilerek kılınır. Müzdelife'deki kalışa da Müzdelife vakfesi denir. Bayram gecesi, gece yarısından itibaren güneşin doğuşuna kadarki süre içerisinde Müzdelife'de durulur. Ancak, son yıllarda hac yapanların sayısının çok fazla olması sebebiyle gece yarısından bir miktar sonra Müzdelife'den Cemarât'a doğru hareket edilmektedir.

Müzdelife'de bu duruş esnasında ertesi gün başlayıp üç gün devam edecek olan şeytan taşlamak için taş toplanır. Üç gün içerisinde atılacak toplam taş sayısı 49 dur.

Şeytan Taşlamak

Müzdelife vakfesinden sonra Mina'ya hareket edilir. Mina'da şeytan taşlanır ki buna remy-i cimâr (taş atma) denir. Taşlamalar bayram günlerinde yapılır.

Bayramın Birinci Günü: Türkçede Büyük Şeytan denilen Akâbe Cemresi için 7 taş atılır. Taşlar, "Şeytan'a ve şeytanın yolundan gidenlere rağmen Allah'ın adıyla işe başlarım. Allah en büyüktür." manasına gelen

بِسْمِ اَللّٰهِ وَاللّٰهُ اَكْبَرُ رَغْماً لِلشَّيْطَانِ وَحِزْبِهِ

duasıyla atılır. Şeytan taşlama ile telbiye de bitirilmiş olur.

Bayramın İkinci Günü: Bugünde, küçük cemre denilen küçük şeytandan başlamak üzere sırayla üç şeytana da her biri 7'şer taş olmak üzere toplam 21 taş atılır.

Bayramın Üçüncü Günü: Üçüncü günde de küçük şeytandan başlamak üzere sırasıyla her üç şeytana yedişerden toplam yirmi bir taş atılır. Üç günün sonunda atılan toplam taş sayısı 49'dur.

Bayramın Dördüncü Günü: Mina'dan ayrılmamış olanlar her üç şeytana toplamda 21 taş daha atarlar. Bu hacılar için atılan toplam taş sayısı 70'tir.

Kurban ve Tıraş

Kurban hem hacla ilgisi bulunanlar açısından hacca bağımlı hem de özellikle bayram kurbanı olarak hacdan bağımsız yapılan, başlı başına müstakil bir ibadettir. Temettu ve kırân haccı yapanlar hac ile bağlantılı olmak üzere kurban keserler. Bu kurbana "hedy kurbanı" denir. Hedy kurbanı Kurban Bayramı günlerinde kesilir.

Bayram kurbanı, kesinlikle hacdan bağımsız bir ibadettir. Hac yapmayan Müslümanlar, Kurban Bayramı günlerinde bu kurbanı keserler ve bu kurbana "udhiye (bayramlık) kurbanı" denilir.

Hac ve umre ihramından tıraş olunarak çıkılır. Erkeklerin ya tamamıyla saçlarını tıraş ettirmeleri ya da bir parça kısaltmaları ile hac ya da umre tıraşı gerçekleşmiş olur. Kadınlar ise saçlarından bir parça keser veya kestirirlerse tıraş olmuş sayılırlar.

Umre

Arefe günü ve Kurban Bayramı'nın dört günü haricinde, ihramlı olarak Kâbe'nin tavaf edilmesi ve Safa ile Merve tepeleri arasında sa'y yapmak suretiyle yapılan ibadettir. Umrede haccın aksine Arafat ve Müzdelife vakfeleri, şeytan taşlama gibi fiiller yoktur. Hacda olduğu gibi umrede de ihramdan çıkmak saçların tıraş edilmesi ile olur. Hacca benzemesi dolayısıyla umre, küçük hac diye isimlendirilmiştir.

Hanefîlere göre ömürde bir kere umre yapmak vacip, diğer mezheplerde farzdır. En faziletli umre, ramazan ayında yapılan umredir.

Hac ve Umrenin Hikmet ve Fazileti

Her bir ibadet ancak Allah öyle emretti diye yapılır. İbadet insanın kulluğunu arz etmesi demektir. Ve her bir ibadetin mutlaka bilinen ve bilinmeyen hikmetleri vardır. Ancak Müslüman, ibadetleri hikmetleri sebebiyle değil, kulluğunun vazifesi olarak yerine getirir. Hikmetleri ikinci plandadır. Buna rağmen Allah hiçbir şeyi hikmetsiz emretmez.

Yukarıda da belirtildiği gibi Hac insanların Allah'a karşı vazifelerinden birisidir. Âl-i İmrân suresinin 97. ayetinde şöyle buyurulur:

وَلِلّٰهِ عَلَى النَّاسِ حِجُّ الْبَيْتِ مَنِ اسْتَطَاعَ اِلَيْهِ سَبِيلًا

"Yoluna gücü yetenlerin o evi haccetmesi, Allah'ın insanlar üzerinde bir hakkıdır."

Hac ve umre hem bedenen hem de mali olarak meşakkatli bir ibadettir. Bu meşakkate rağmen Allah'ın davetine icabet eden Müslüman, hac ve umrede pek çok hikmetleri görebilir. İhrama girerek, en sıradan helallerden dahi uzak duracağını, Allah'ın izin verdiği ana kadar bu hâle sadık kalacağını bildirmekte ve bunu gerçekleştirmektedir. Böylece sıkıntılara katlanma, dayanma ve sabır yeteneğini geliştirmektedir.

Haccın belki en önemli hikmetlerinden birisi, Allah katında insanların mevki ve makam veya, mal-mülk sahibi olmalarının bir değeri olmadığı, değerin ancak takva ile olabileceğinin ortaya konulmasıdır. Nitekim ihram herkesi aynı görüntüye sokmaktadır. Kavim, beden rengi, makam, mevki ya da zenginlik işaretlerinin hiçbirisi ihramlı iken belli olmaz. Herkes aynı ibadetleri yapar. Herkes bu ibadetlerini imkân bulduğu yerde yapar. Hiç kimseye ayrı bir yer tahsis edilmez, hiç kimse için özel bir vakit de tayin edilmez.

Hac ömürde bir kez şart olsa da İslam dinin 5 temel esasından birisidir. Yani hac bir ömre bedel bir ibadettir:

قَالَ عَبْدُ اللّٰهِ: قَالَ رَسُولُ اللّٰهِ ﷺ بُنِيَ الْإِسْلَامُ
عَلَى خَمْسٍ: شَهَادَةِ أَنْ لَا إِلَهَ إِلَّا اللّٰهُ وَأَنَّ مُحَمَّدًا
عَبْدُهُ وَرَسُولُهُ وَإِقَامِ الصَّلَاةِ وَإِيتَاءِ الزَّكَاةِ وَحَجِّ
الْبَيْتِ وَصَوْمِ رَمَضَانَ

Abdullah (b. Ömer) tarafından nakledildiğine göre, Resûlullah (s.a.v.) şöyle buyurmuştur: *"İslam beş esas üzerine kurulmuştur: Allah'tan başka ilah olmadığına ve Muhammed (s.a.v.)'in Allah'ın resulü olduğuna şahitlik etmek, namazı dosdoğru kılmak, zekât vermek, Kâbe'yi haccetmek ve ramazan orucunu tutmak."* (Müslim, Îmân, 21, H. No: 16/2)

Haccın gereği gibi yapıldığında kişi şu müjdeye nail olur:

عَنْ أَبِى هُرَيْرَةَ قَالَ: قَالَ النَّبِيُّ ﷺ مَنْ حَجَّ هَذَا الْبَيْتَ، فَلَمْ يَرْفُثْ، وَلَمْ يَفْسُقْ، رَجَعَ كَيَوْمِ وَلَدَتْهُ أُمُّهُ

Ebû Hureyre (r.a.)'dan nakledildiğine göre, Hz. Peygamber (s.a.v.) şöyle buyurmuştur: *"Her kim bu evi (Kâbe'yi) haccederken, (söz ya da eylemle) cinsel yakınlığa yeltenmez ve kötülük işlemezse, anasının onu doğurduğu günkü gibi (günahsız) hâline dönmüş olur."* (Buhârî, Muhsar, 10, H. No: 1820)

عَنْ أَبِى هُرَيْرَةَ أَنَّ رَسُولَ اللّٰهِ ﷺ قَالَ: اَلْحَجُّ الْمَبْرُورُ لَيْسَ لَهُ جَزَاءٌ إِلاَّ الْجَنَّةُ

Allah Resulü, makbul bir haccın karşılığında ise inananları cennetle müjdelemiş, hac esnasında aynı zamanda umre yapılmasını da tavsiye etmiştir:

عَنْ عَبْدِ اللّٰهِ بْنِ مَسْعُودٍ قَالَ: قَالَ رَسُولُ اللّٰهِ ﷺ تَابِعُوا بَيْنَ الْحَجِّ وَالْعُمْرَةِ فَإِنَّهُمَا يَنْفِيَانِ الْفَقْرَ وَالذُّنُوبَ كَمَا يَنْفِى الْكِيرُ خَبَثَ الْحَدِيدِ وَالذَّهَبِ وَالْفِضَّةِ وَلَيْسَ لِلْحَجَّةِ الْمَبْرُورَةِ ثَوَابٌ إِلاَّ الْجَنَّةُ

"Hac ve umreyi beraber yapın. Çünkü körüğün demir, altın ve gümüşün kir ve pasını giderdiği gibi hac ve umre de günahları ve fakirliği giderir. Kabul edilmiş haccın sevabı ise ancak cennettir." (Tirmizî, Hac, 2, H. No: 810

Peygamber Efendimiz hac ile birlikte umreyi tavsiye ettiği gibi hac mevsimi dışında da umreyi önermiş, umre için de cennet karşılığı bulunduğunu bildirmiştir:

عَنْ أَبِى هُرَيْرَةَ أَنَّ رَسُولَ اللّٰهِ ﷺ قَالَ: اَلْعُمْرَةُ إِلَى الْعُمْرَةِ كَفَّارَةٌ لِمَا بَيْنَهُمَا، وَالْحَجُّ الْمَبْرُورُ لَيْسَ لَهُ جَزَاءٌ إِلاَّ الْجَنَّةُ

Ebû Hureyre (r.a.)'ın bir başka rivayetine göre, Resûlullah (s.a.v.) şöyle buyurmuştur: *"İki umre, aralarında işlenen günahlara kefarettir. (Allah tarafından) kabul gören haccın karşılığı ise ancak cennettir."* (Buhârî, Umre, 1. H, No: 1773)

Hatta öyle ki, ramazan ayında yapılan umre ile haccın sevabının aynı olduğunu bildirmiştir:

عَنْ أُمِّ مَعْقِلٍ عَنِ النَّبِيِّ ﷺ قَالَ: عُمْرَةٌ فِى رَمَضَانَ تَعْدِلُ حَجَّةً

Ümmü Ma'kıl (r.a.)'nın rivayet ettiğine göre, Hz. Peygamber (s.a.v.) şöyle buyurmuştur: *"Ramazanda yapılan bir umre, (sevap bakımından) hacca denktir."* (Tirmizî, Hac, 95, H. No: 939)

Bu hadîs-i şeriflerin müjdelemelerinden hareketle umreyi manevi dünyamızın imar edilmesi olarak yorumlayabiliriz. Çünkü günlük hayatımızda pek çok hatamız, günahımız, hatta bazen Allah'a itaatimize zarar verecek davranışlarımız olabilmektedir. Umreye gidip bu hatalardan kurtulma, affedilme ve bağışlanma imkânımız vardır. Çünkü Allah Resulü böyle bildirmektedir.

Kurban

Kurban İbadeti

Sırf Allah'a ibadet amacıyla cins ve sıfatları belirli hayvanların kesilmesine ve bu maksatla kesilen hayvana kurban denir.

Akil ve baliğ, mukim ve zengin olan her Müslüman'a kurban kesmek vacip ya da sünnet-i müekkededir. Hanefîler ve bir kısım Mâlikîler kurbanı vacip, diğer mezhepler ise sünnet-i müekkede olarak görürler. Bazı âlimler kurban yükümlülüğü için sadece Müslümanlığı ve zengin olmayı şart görmüşler, akil ve baliğ olmayanlar için velilerin kesmesinin şart olduğunu söylemişlerdir. Peygamber Efendimiz de *"Ey insanlar, her sene her ev halkına kurban kesmek vaciptir."* buyurmuşlardır.

Kurban için zenginlik ölçüsü, zekât ve fitre yükümlülüğündeki ölçüdür. Kurbanda bu kadar mala sahip olanların mallarının üzerinden 1 yıl geçme şartı yoktur.

Kurban Çeşitleri

Hedy Kurbanı: Hac esnasında Harem bölgesinde kesilen kurbana hedy kurbanı denilir.

Udhiye Kurbanı: Kurban Bayramı'nda, Harem bölgesi dışında kalan diğer Müslümanların kestikleri kurban, udhiye kurbanı olarak adlandırılır.

Akîka Kurbanı: Çocuğun doğumu üzerine, Allah'a şükür maksadıyla kesilen kurbana akîka kurbanı denilir. Akîka kurbanından aile fertleri dâhil herkes yiyebilir.

Adak Kurbanı: Hedy, udhiye ve akîka kurbanları haricinde, dinin öngörmediği hâlde, kişinin kendi vaadiyle kendi üzerine vacip ettiği kurbandır. Mesela "Şu iş olursa veya bu iş olmazsa vallahi kurban keseceğim." diyen kimse kendisine bir kurban vacip etmiş olur.

Her adak caiz değildir. Bunun için adanan şey, gerçekte olabilecek, dinen meşru, Allah rızasına vesile olacak bir davranış olmak zorundadır.

Kurbanı adayan kişinin kendisi, eşi, çocukları, torunları, anne ve babası, nine ve dedeleri kurbanın etinden yiyemezler. Eğer yerlerse, yedikleri miktarda etin karşılığını fakirlere sadaka olarak vermeleri gerekir.

Kurbanlık Hayvanlar

Her hayvan kurban olarak kesilemez. Enâm diye bilinen koyun, keçi, sığır, deve ve manda kurban olarak kesilir. Tavuk, kaz, ördek, deve kuşu, ceylan gibi hayvanlar kurban olarak kesilemez.

Koyun ve keçi haricindeki hayvanların her biri en fazla yedi hisse şeklinde kesilebilir. Mâlikî mezhebinde ise her bir hayvan sadece bir kurban olarak kesilebilir.

Kurban edilecek hayvanların yaşları farklılık arz eder. Koyun ve keçi cinsinden hayvanlar bir yaşını doldurduktan sonra kurban edilebilir. Koyun ve keçi semizlik ve gösteriş olarak bir yaşındakiler gibi ise altı ayını tamamladıktan sonra da kurban olarak kesilebilir. Sığır ve manda cinsinden hayvanlar iki yaşını, deve ise beş yaşını doldurmuş olmalıdır.

Kesilecek hayvanın sıhhat ve organ bakımından eksiği olmaması gerekmektedir. Hasta, zayıf ve düşkün, bazı organları eksik, mesela bir veya iki gözü kör, kulakları ve boynuzları kökünden kesilmiş, dili kesik, dişlerinin tamamı veya çoğu dökülmüş, kuyruğu ve memesi kesik hayvanlar kurban olmaz.

Kurbanın ibadet niyetiyle kesilmesi şarttır. Dolayısıyla Kurban Bayramı'nda kurban niyetiyle kesilmeyen hayvan kurban olmaz.

Kurban, "eyyâm-ı nahr (kurban günleri)" denilen ilk üç günü (zilhicce ayının 10, 11 ve 12. günleri) bayram namazının kılınmasından üçüncü günün akşamına kadar kesilebilir. Şâfiî mezhebine göre bu süre bayramın dördüncü günü ikindi sonrasına kadardır. Bayram namazı kılınmayan yerlerde sabah namazı vaktinden itibaren kesilebilir.

Kurban sırf Allah rızasını kazanmak için kesildiğinden etinin satılması caiz olmadığı gibi derisi, yünü, bağırsakları, kemikleri, iç yağı gibi eti dışında kalan parçalarının da sahibine gelir temin etmek amacıyla para ile satılması caiz değildir. Bunları kurban sahibi kullanabilir veya başkalarına hediye edebilir.

Kurban Etlerinin Dağılımı

Kurbanı kesen mükellefin ve aile halkının kurban etinden yemesi müstehaptır. Hac suresinin 28. ve 36. ayetlerinde şöyle buyurulmaktadır:

لِيَشْهَدُوا مَنَافِعَ لَهُمْ وَيَذْكُرُوا اسْمَ اللّٰهِ فٖۤى اَيَّامٍ
مَعْلُومَاتٍ عَلٰى مَا رَزَقَهُمْ مِنْ بَهٖيمَةِ الْاَنْعَامِۚ
فَكُلُوا مِنْهَا وَاَطْعِمُوا الْبَٓائِسَ الْفَقٖيرَۘ ﴿٢٨﴾

“Ta ki menfaatlerine şahit olsunlar. Allah’ın onlara rızık olarak verdiği hayvanları belirli günlerde kurban ederken, Onun adını ansınlar. Siz de bunlardan yiyin, çaresiz kalmış yoksulu da doyurun.”

وَالْبُدْنَ جَعَلْنَاهَا لَكُمْ مِنْ شَعَٓائِرِ اللّٰهِ لَكُمْ فٖيهَا خَيْرٌۗ
فَاذْكُرُوا اسْمَ اللّٰهِ عَلَيْهَا صَوَٓافَّۚ فَاِذَا وَجَبَتْ
جُنُوبُهَا فَكُلُوا مِنْهَا وَاَطْعِمُوا الْقَانِعَ وَالْمُعْتَرَّۜ
كَذٰلِكَ سَخَّرْنَاهَا لَكُمْ لَعَلَّكُمْ تَشْكُرُونَ ﴿٣٦﴾

“Kurbanlık büyükbaş hayvanları sizin için Allah’ın nişaneleri kıldık. Onlarda sizin için hayır vardır. Onlar saf saf

sıralanmış dururken (kurban edeceğinizde), üzerlerine Allah'ın adını anın. Yanları üzerlerine düşüp canları çıkınca, onlardan siz de yiyin, istemeyen fakire de istemek zorunda kalan fakire de yedirin. Şükredersiniz diye onları sizin hizmetinize verdik."

Kurban etinin, bütünüyle tasadduku caiz olduğu gibi, tamamının ev halkı için saklanması da caizdir; ancak efdal olan ihtiyaç sahiplerine yedirme ve tasadduktur. Bununla birlikte, en uygun olanı, kesilen kurbanın üçte birini kendi evinde yemektir. Üçte birini akraba ve dostlara; kalan üçte birini de fakir fukaraya dağıtmak menduptur. Hz. Peygamber (s.a.v.) de kurban etinin üçe taksim edilip, bir bölümünün kurban kesmeyen yoksullara dağıtılmasını, bir bölümünün akraba, tanıdık ve komşularla paylaşılmasını, son üçte birinin de evde bırakılmasını tavsiye etmiştir. Kendi aile üyeleri kalabalık ve orta hâlli olanların, kurbanlığı tamamen kendilerine saklamaları da uygun görülmüştür.

Avrupa'da Kurban

Kurban gibi dinî bir ibadetin yerine getirilmesi esnasında Avrupalı Müslümanlar önemli meselelerle karşı karşıya gelmektedirler. Yapılan yasal düzenlemeler, Müslümanların ibadetlerini yerine getirmelerini zorlaştırmakta, hatta fiilen yasaklamaktadır. Avrupa'daki Müslümanlar sadece bu sebeple olmamakla birlikte, kurbanlarını daha çok İslam ülkelerindeki ihtiyaç sahipleri için bağışlamayı tercih etmektedir. Bu bağışların organizasyonunu yapan Hasene derneği çok önemli simgesel özelliği olan kurban ibadetini, Avrupalı Müslümanların İslam ümmeti ile buluşma ve kaynaşmasına vesile yapmaya çalışmaktadır. Bu organize ile kurban aynı zamanda yeryüzü coğrafyasındaki mazlum ve mağdurlarla bir araya gelinmesini kolaylaştırmış, ibadet olarak Allah'a yakınlaşma olduğu gibi ülkeleri ve insanları da birbirlerine yakınlaştırıcı şekle bürünmüştür.

İslam dünyasının hemen hemen tamamında bir ümmet buluşması olarak düzenlenen kurban kampanyası Balkanlardan Asya'ya, Afrika'dan Güney Amerika'ya kadar Müslümanların yaşadığı her yerde, oradaki herkesle birlikte gerçekleştirilmektedir.

Kurban kampanyası Hasene'nin geniş çaplı bir çalışmasıdır. Her yıl sayı değişse de ortalama 350 kurban dağıtım ve denetim gönüllüsü en az 80 ülke ve bölgede her türlü imkânsızlık içinde büyük bir başarıya imza atmaktadır.

Kurban İbadetinin Hikmeti ve Fazileti

Kurban, belirli hayvanların kanını sadece Allah rızası için akıtarak, yani hayvanları keserek yapılan bir ibadettir. Kurban, Kurban Bayramı günlerinde kesilir. Kurbanın etleri de yine Allah rızası için başta fakirler olmak üzere diğer insanlar ve aile fertleri ile paylaşılır. Peygamber Efendimiz bu hususa şu sünneti ile dikkat çekmiştir. Kurbanın sadece Allah rızası için olduğu gerçeği bir hadîs-i şerifte şöyle ifade edilmektedir:

عَنْ جَابِرِ بْنِ عَبْدِ اللّٰهِ قَالَ: ضَحَّى رَسُولُ اللّٰهِ ﷺ
يَوْمَ عِيدٍ بِكَبْشَيْنِ فَقَالَ حِينَ وَجَّهَهُمَا إِنِّى وَجَّهْتُ
وَجْهِيَ لِلَّذِى فَطَرَ السَّمَوَاتِ وَالْأَرْضَ حَنِيفًا وَمَا
أَنَا مِنَ الْمُشْرِكِينَ إِنَّ صَلَاتِى وَنُسُكِى وَمَحْيَاىَ
وَمَمَاتِى لِلّٰهِ رَبِّ الْعَالَمِينَ لَا شَرِيكَ لَهُ وَبِذَلِكَ
أُمِرْتُ وَأَنَا أَوَّلُ الْمُسْلِمِينَ اللّٰهُمَّ مِنْكَ وَلَكَ عَنْ
مُحَمَّدٍ وَأُمَّتِهِ

Câbir b. Abdullah (r.a.) anlatıyor: Resûlullah (s.a.v.) bir bayram günü kurban olarak iki koç kesti ve onları kıbleye doğru yatırdığı zaman şöyle dedi: *"Ben hanîf (hakka yönelmiş) olarak, yüzümü gökleri ve yeri yaratan (Allah)'a çevirdim ve ben müşriklerden değilim. Şüphesiz benim namazım, kurbanım, hayatım ve ölümüm âlemlerin Rabbi olan Allah içindir. Onun hiçbir ortağı yoktur. Ben bununla emrolundum ve ben Müslümanların ilkiyim. Allahım (bu kurban) sendendir ve Muhammed ile ümmeti tarafından senin (rızan) için sunulmuştur."* (İbn Mâce, Edâhî, 1. H, No: 3121)

Kurban kesmedeki asıl gayenin ne kan akıtılması ne de kurban eti olduğu ayette çok açık bir şekilde bildirilmektedir. Âyet-i kerîmeye göre, ne etlerin ne de kanların Allah'a ulaşmayacağı, ulaşacak olan yegâne şeyin sadece o kurbanı kesen Müslümanların takvası, yani saf ve halis niyeti olduğu bildirilmektedir:

لَنْ يَنَالَ اللّٰهَ لُحُومُهَا وَلَا دِمَاۤؤُهَا وَلٰكِنْ يَنَالُهُ التَّقْوٰى مِنْكُمْۜ كَذٰلِكَ سَخَّرَهَا لَكُمْ لِتُكَبِّرُوا اللّٰهَ عَلٰى مَا هَدٰيكُمْۜ وَبَشِّرِ الْمُحْسِنِينَ ﴿٣٧﴾

"Kurbanların ne etleri, ne de kanları Allah'a ulaşacaktır. Allah'a ancak sizin takvanız ulaşır. Size olan hidayetine karşı, Allah'ı büyük tanımanız içindir ki, O, bunları böylece sizin emrinize vermiştir. İyi davrananları müjdele." (Hac suresi, 22:37)

Kişi kurban kesmekle, Allah'ın emrine boyun eğmiş ve kulluk bilincini koruduğunu canlı bir biçimde ortaya koymuş olur. Bunu yaparken de malını Allah için telef etmesi değil, en yakınlarından başlayarak insanlara yararlı olacak tarzda gerçekleştirmesi istenmiştir.

Kurban ancak ve ancak Allah'a ibadet için kesilebilir. Resûlullah (s.a.v.) şöyle buyurmuştur:

لَعَنَ اللّٰهُ مَنْ ذَبَحَ لِغَيْرِ اللّٰهِ وَلَعَنَ اللّٰهُ

"Allah'tan başkası adına hayvan kesene Allah lanet etsin." (Müslim, Edâhî, 60, H. No: 1978/2)

Onun için, Kurban Bayramı'nda Allah'a en sevimli iş olan kurban, insanı ahirette yüksek bir makama eriştirir. Hz. Peygamber (s.a.v.), kurbanın kurbiyet (Allah'a yaklaştıran) yönünü, kurban kesmenin sevabının büyüklüğünü, yani faziletini belirterek çok çarpıcı bir şekilde, şöyle dile getirmektedir:

عَنْ عَائِشَةَ أَنَّ رَسُولَ اللّٰهِ ﷺ قَالَ: مَا عَمِلَ آدَمِيٌّ مِنْ عَمَلٍ يَوْمَ النَّحْرِ أَحَبَّ إِلَى اللّٰهِ مِنْ إِهْرَاقِ الدَّمِ إِنَّهَا لَتَأْتِي يَوْمَ الْقِيَامَةِ بِقُرُونِهَا وَأَشْعَارِهَا وَأَظْلاَفِهَا وَإِنَّ الدَّمَ لَيَقَعُ مِنَ اللّٰهِ بِمَكَانٍ قَبْلَ أَنْ يَقَعَ مِنَ الْأَرْضِ فَطِيبُوا بِهَا نَفْسًا

"Hiçbir kul, kurban günü, Allah indinde kan akıtmaktan daha sevimli bir iş yapamaz. Zira, kesilen hayvan, kıyamet günü boynuzlarıyla, kıllarıyla, tırnaklarıyla gelecektir. Hayvanın kanı daha yere düşmeden önce, Allah indinde yüce bir mevkiye ulaşır. Öyle ise, onu gönül hoşluğuyla yapın." (Tirmizî, Edâhî, 1, H. No: 1493)

Kurban aynı zamanda Allah'ın bizlere ihsan ettiği sayısız nimetlere bir şükür vesilesi ve Allah rızasının kazanılması için bir fırsattır. Nitekim Kevser suresinde, Kevser nimetine bir şükran olarak kurban kesilmesi istenmektedir:

إِنَّا أَعْطَيْنَاكَ الْكَوْثَرَ ۝١ فَصَلِّ لِرَبِّكَ وَانْحَرْ ۝٢
إِنَّ شَانِئَكَ هُوَ الْأَبْتَرُ ۝٣

"Şüphesiz biz sana Kevser'i verdik. O hâlde, Rabbin için namaz kıl, kurban kes."

Kurban ibadetinin bir hikmeti de zengin Müslümanlarla imkanı olmayan veya fakir olan Müslümanları birbirine yaklaştırmasıdır. Ayrıca akrabalar, dostlar ve tanıdık tanımadık ümmet ile kaynaşmaya vesile olur. Bu şekliyle kurban toplumda kardeşlik, yardımlaşma ve dayanışma ruhunu canlı tutar; sosyal adaletin gerçekleşmesine katkıda bulunur. Özellikle et satın alma imkânı bulunmayan veya çok sınırlı olan yoksulların bulunduğu ortamlarda, onun bu rolünü daha belirgin biçimde görmek mümkündür. Zengine malını Allah'ın rızası, yardımlaşma ve başkalarıyla paylaşma yolunda harcama zevk ve alışkanlığını verir; onu cimrilik hastalığından, dünya malına tutkunluktan kurtarır. Fakirin de varlıklı kullar aracılığıyla Allah'a şükretmesine, dünya nimetinin yeryüzündeki dağılımı konusunda karamsarlık ve düşmanlıktan kendini kurtarmasına ve kendini toplumunun bir üyesi olarak hissetmesine yardımcı olur.

Yeminler

Bir kimsenin, kendi karar ve haklılığını ortaya koymak için Allah'ın adını veya bir sıfatını anarak söylediği cümledir. Yemine kasem de denir. Yemin sadece Allah üzerine edilebilir. *"Vallahi"*, *"billahi"*, *"tallahi"*, *"Rahmân'a yemin olsun ki"*, *"Canım elinde olan Allah'a yemin olsun ki"* gibi ifadeler kullanmakla olur. Örfte yemin yerine geçen, *"Yemin ederim ki"*, *"Üzerime andolsun ki"* gibi cümleler de yemin sayılır.

Yemin ancak caiz olan şeyler için yapılabilir. Caiz olmayan şeyler için yemin edilmez. Örneğin "Şu işim olursa bir bardak içki içeceğim." demek hem asla caiz olmaz hem de hiçbir zaman yemin sayılmaz. Fakat kişi kendisini bağladığı için kefaret ödemesi gerekir. Yeminin şakası olmaz. Şaka olarak yapılan yemin de yemin hükmündedir.

Yemin Çeşitleri

Yemin-i Mun'akide: Şartlarına uygun olan ve bağlayıcı yemindir. Akit, yani sözleşme yerine geçen yemin demektir. Bir işi yapacağına veya yapmayacağına yemin etmektir.

Yemin-i Gamûs: Bilerek yalan yere yemin etmek demektir. Bu tür yemin haramdır. Borcunu ödemediği hâlde, "Vallahi ben borcumu ödedim." demek bu türdendir.

Yemin-i Lağv: Kasıtsız yemin demektir. Yani yemin etmek amacını gütmeyen yeminlerdir. Yemin olmayan, yani yeminliği geçersiz olan, yemin olduğu hâlde yemin yerine geçmeyen yemindir. Yanlışlıkla yapılan yeminler ile, günlük konuşmalarda vallahi, billahi lafızlarının geçtiği ama hükmü olmayan yeminler bu sınıftandır. Ayrıca, borcunu ödemediği hâlde, ödemediğini unuttuğu için, "Vallahi ben borcumu ödedim." demek bu türdendir. Buradaki yeminden kasıt, aslında yemin değil yapılan işi kuvvetlendirmek içindir. Bu kişi, borcunu ödemediğini bilse aslında ödeyecektir; yalan söyleme niyetinde değildir.

Hz. Âişe (r. anha) validemiz Bakara suresinin 225. ayeti veya Mâide suresinin 89. ayetinin bu tür yemin gibi görünse de yemin kasıtlı olmayan yeminlerden sorumlu olunmayacağı üzerine indiğini söyler ve şu örneği verir:

عَنْ عَائِشَةَ رَضِىَ اللّٰهُ عَنْهَا: أُنْزِلَتْ هٰذِهِ الْآيَةُ
{لَا يُؤَاخِذُكُمُ اللّٰهُ بِاللَّغْوِ فِي اَيْمَانِكُمْ}
فِي قَوْلِ الرَّجُلِ لَا وَاللّٰهِ، وَبَلَى وَاللّٰهِ

Hz. Âişe: "'*Allah sizi kasıtsız yeminlerinizden dolayı sorumlu tutmaz...*' ayeti, kişilerin 'hayır vallahi!' veya 'evet vallahi!' gibi ağızlardan kaçırdığı sözler hakkında inmiştir." (Buhârî, Tefsir, 137, H. No: 4613)

Yemin etmek mubah olsa da çok nadiren yapılması gerekir. Özellikle ticaret mallarının alım-satımında ve aldatmaya yönelik olarak yemin etmek caiz değildir.

Bazen yeminleri bozup kefaretini ödemek daha hayırlıdır. Ayrıca yemin edip de vadettiği iş yapmayanlar da kefaret ödemekle yükümlüdür.

Yeminin Kefareti

Yemin-i lağv için kefaret gerekmez. Yemin-i gamûs için sadece kefaret ödemek yetmez, ayrıca tevbe de gerekmektedir. Yemin-i mun'akide için ise kefaret gerekir. Yeminin kefareti Mâide suresinin 89. ayeti mucibince şöyledir:

لَا يُؤَاخِذُكُمُ اللّٰهُ بِاللَّغْوِ فٖٓي اَيْمَانِكُمْ وَلٰكِنْ يُؤَاخِذُكُمْ
بِمَا عَقَّدْتُمُ الْاَيْمَانَۚ فَكَفَّارَتُهُٓ اِطْعَامُ عَشَرَةِ مَسَاكٖينَ
مِنْ اَوْسَطِ مَا تُطْعِمُونَ اَهْلٖيكُمْ اَوْ كِسْوَتُهُمْ اَوْ تَحْرٖيرُ
رَقَبَةٍۜ فَمَنْ لَمْ يَجِدْ فَصِيَامُ ثَلٰثَةِ اَيَّامٍۜ ذٰلِكَ
كَفَّارَةُ اَيْمَانِكُمْ اِذَا حَلَفْتُمْۜ وَاحْفَظُٓوا اَيْمَانَكُمْۜ
كَذٰلِكَ يُبَيِّنُ اللّٰهُ لَكُمْ اٰيَاتِهٖ لَعَلَّكُمْ تَشْكُرُونَ ﴿٨٩﴾

"Allah, boş bulunarak ettiğiniz (kasıtsız) yeminlerle sizi sorumlu tutmaz. Ama bile bile yaptığınız yeminlerle sizi sorumlu tutar. Bu durumda yeminin kefareti, ailenize yedirdiğinizin orta hâllisinden 10 yoksulu doyurmak, yahut onları giydirmek ya da bir köle azat etmektir. Kim (bu imkânı) bulamazsa, onun kefareti 3 gün oruç tutmaktır. İşte yemin ettiğiniz vakit yeminlerinizin kefareti budur. Yeminlerinizi tutun. Allah size ayetlerini işte böyle açıklıyor ki şükredesiniz."

Özetle yemin kefareti şöyledir:

- 10 yoksulu doyurmak
- 10 yoksulu giydirmek
- Bir köle azat etmek.

Kişi bu üçünden birini seçebilir. Şayet bunlara gücü yetmezse;

- Üç gün oruç tutması gerekir.

İslam âlimleri bugün her ne kadar mümkün olmasa da kefaretin faziletlisinin bir köle azat etmek olduğunu bildirmişlerdir.

Adak

Kişinin dinen mükellef tutulmadığı hâlde kendi istek ve söz vermesi ile kendi kendisine vacip kıldığı ibadetlere adak denir. Arapçada bu nezr (nezir) kelimesi ile ifade edilir. Hanefîlerde adak adamak mübahtır. Şâfiî ve Hanbelîler ise tenzihen mekruh olarak görürler. Sadece dinen caiz olan şeyler adak olarak adanabilir. Dinen caiz olmayan şeyleri adamak haramdır. Yeminde olduğu gibi, şaka da olsa adak yapıldığında yerine getirilmesi gerekir.

Adağın geçerli bir adak olması için şu şartlar gereklidir:

1. Adanan şeyin gerçekte mümkün, dinen de makbul ve meşru olması gerekir. Mesela "Bayram günü oruç tutacağım." diye adak olmaz.

2. Adanan şeyin Allah rızasına vesile olacak bir davranış, bir ibadet çeşidi olması gerekir. Günah olan bir şeyi adamak hâlinde bu yerine getirilmediği gibi yemin kefareti ödemek gerekir.

3. Adanan şey farz veya vacip türünden bir ibadet olmalıdır. Buna göre namaz, oruç, hac, sadaka, itikâf, kurban, umre gibi ibadetler adak konusu olabilir.

Eti Yenen ve Yenmeyen Hayvanlar

İslam dini yiyecek ve içeceklere dikkat edilmesi hususunda özel kurallar koymuştur. Sarhoşluk veren ve aklı gideren şeylerin içilmesi ve kullanılması caiz olmadığı gibi, bazı hayvanların etinin yenmesi de caiz değildir, haramdır. Öte yandan etinin yenmesi caiz olduğu hâlde, kesim veya ölüm durumuna göre caiz olmayan hayvan etleri de vardır.

Fakat, domuz eti mutlak haramdır. Bakara suresinin 173. ayetinde:

إِنَّمَا حَرَّمَ عَلَيْكُمُ الْمَيْتَةَ وَالدَّمَ وَلَحْمَ الْخِنْزِيرِ وَمَا أُهِلَّ بِهِ لِغَيْرِ اللَّهِ ۖ فَمَنِ اضْطُرَّ غَيْرَ بَاغٍ وَلَا عَادٍ فَلَا إِثْمَ عَلَيْهِ ۚ إِنَّ اللَّهَ غَفُورٌ رَحِيمٌ ﴿١٧٣﴾

"Şüphesiz (Allah) size ölü hayvan etini, kanı, domuz etini, Allah'tan başkası için kesilen hayvanı haram kılmıştır." hükmü yer almaktadır.

Mâide suresinin ilk ayeti ile iki, üç ve dördüncü ayetlerinde illetleri bildirilen hayvanlar da etleri haram kılınmış hayvanlardır. Üçüncü ayette şöyle buyurulmaktadır: *"Ölmüş hayvan, kan, domuz eti, Allah'tan başkası adına boğazlanan, (henüz canı çıkmamış iken) kestikleriniz hariç; boğulmuş, darbe sonucu ölmüş, yüksekten düşerek ölmüş, boynuzlanarak ölmüş ve yırtıcı hayvan tarafından parçalanmış hayvanlar ile dikili taşlar üzerinde boğazlanan hayvanlar, bir de fal oklarıyla kısmet aramanız size haram kılındı."*

Dördüncü ayette ise şöyle buyurulur: *"De ki: 'Size temiz ve hoş olan şeyler, bir de Allah'ın size verdiği yeteneklerle eğitip alıştırdığınız avcı hayvanların tuttuğu (avlar) helal kılındı. Onların sizin için tuttuklarından yiyin. Onu (av için) salarken üzerine Allah'ın adını anın (besmele çekin)."*

En'âm suresinin 121. ayetinde ise şu ifade geçer:

وَلَا تَأْكُلُوا مِمَّا لَمْ يُذْكَرِ اسْمُ اللّٰهِ عَلَيْهِ وَاِنَّـهُ لَفِسْقٌ

"Üzerine Allah adı anılmayan (hayvan)lardan yemeyin. Çünkü bu şekilde davranış fasıklıktır."

Bu ayetlerden hareketle Peygamber Efendimiz de hangi hayvanların yenip yenemeyeceğini bildirmiştir. Efendimize bu yetki, A'râf suresinin 157. ayetine göre Allah tarafından verilmiştir. İlgili ayette şöyle buyrulur:

اَلَّذِينَ يَتَّبِعُونَ الرَّسُولَ النَّبِىَّ الْاُمِّىَّ الَّذِى يَجِدُونَهُ
مَكْتُوبًا عِنْدَهُمْ فِى التَّوْرٰيةِ وَالْاِنْجِيلِ يَأْمُرُهُمْ
بِالْمَعْرُوفِ وَيَنْهٰيهُمْ عَنِ الْمُنْكَرِ وَيُحِلُّ لَهُمُ
الطَّيِّبَاتِ وَيُحَرِّمُ عَلَيْهِمُ الْخَبَٓائِثَ

"Yanlarındaki Tevrat ve İncil'de yazılı buldukları o elçiye, o ümmî Peygamber'e uyanlar (var ya), işte o Peygamber onlara iyiliği emreder, onları kötülükten meneder, onlara temiz şeyleri helal, pis şeyleri haram kılar."

Bu ayetler ve Peygamber Efendimizin sünnetini yorumlayan mezhepler, bazı hayvanların etinin yenip yenmemesi konusunda ihtilaf etmişlerdir. Örneğin Mâlikî mezhebine göre deniz hayvanlarının tamamı ve kara hayvanlarının çoğunun eti yenebilmektedir. Mâlikîlere göre örneğin salyangoz, kurbağa, timsah, kaplumbağa, köstebek, kirpi, yılan, şahin, kartal, akbaba gibi hayvanların eti yenebilir.

Yenmesi Helal Olan Hayvanlar

Not: Aşağıda listelenen eti yenebilen ve yenmeyen hayvanlarda, özel olarak belirtilmediği sürece Hanefî mezhebi baz alınmıştır.

1. Sığır, manda (bufalo), koyun, keçi, deve, tavşan, tavuk, kaz, ördek, hindi türünden evcil hayvanlar

2. Geyik, ceylan, antilop, dağ keçisi, yabani sığır (bizon) gibi vahşi hayvanlar

3. Güvercin, serçe, bıldırcın, sığırcık, balıkçıl gibi kuşlar

4. Çekirge (Çekirge ile ilgili olarak sünnette hüküm bulunmaktadır.)

Yenmesi Haram Olan Hayvanlar

Etleri haram olan hayvanlar da dört gruptur:

1. Domuz (Domuzun sadece eti değil her şeyi haramdır.)

2. Allah'tan başkası adına kesilen hayvanların etleri

3. Üzerine Allah'ın adı anılmayan hayvanların etleri

4. Dinî usullere uygun olarak kesilmemiş veya kendiliğinden ölmüş olan hayvanlar.

Bu hayvanların etinin yenmesinin haram olduğu üzerinde tüm mezheplerin ittifakı olup, bunların haricindeki hayvanlarda mezheplere göre ihtilaf vardır.

Eti Yenmeyen Kara Hayvanları

Kurt, ayı, aslan, kaplan, pars, leopar, panda, panter, çita, jaguar, puma, sincap, samur, sansar, kokarca, goril, maymun türleri (şempanze, babun, gibon, orangutan), sırtlan, fil, köpek, kedi, kunduz, porsuk, vaşak, çakal, tilki, gelincik gibi avını köpek dişiyle yakalayan yırtıcı hayvanlar yenmez. (Şâfiîlerde tilki, sırtlan, samur, sincap ve gelincik yenir.)

Eti Yenmeyen Kuşlar

Avını pençesiyle yakalayan ve leş yiyen, çaylak, kartal, kerkenez, kuzgun, akbaba, leş kargası, yarasa, atmaca, şahin, martı, leylek, flamingo, egret, kelaynak gibi kuşlar yenmez.

Haşaratlar

Haşarat, yani toprak içinde yuvası olan küçük hayvanların yenmesi helal değildir. Fare, akrep, yılan çeşitleri, kertenkele, timsah, kene, semender, kurbağa, kaplumbağa, salyangoz, arı, sivrisinek, karasinek, köstebek, kirpi, tahtakurusu, bit, pire gibi haşarat yenmez. (Şafiî ve Mâlikîlerde kirpi ve kertenkele yenir.)

Eti Yenen Kuşlar

İğrenç olmayan, leş yemeyen, avını pençesiyle yakalamayan kuşlar yenir.

Saksağan, kumru, bülbül, kanarya, muhabbet kuşu, keklik, sülün, bağırtlak, güvercin, bıldırcın, tarla kargası, tavus kuşu, kırlangıç, papağan, turna, saka kuşu, çalı kuşu, ispinoz, serçe ve sığırcık gibi kuşlar yenir. Eti yenen kümes hayvanlarının yabanileri sayılan karatavuk, yabani ördek, yabani kaz, kuğu gibiler de yenir. Hindinin yabanisi sayılan deve kuşu da yine eti yenebilen hayvanlardandır.

Martı Hanefî ve Hanbelî mezheplerine göre yenmez. Malikîlerde ise martı ve balıkçıl yenir. Şâfiîlerde kırlangıç, tavus kuşu, hüthüt ve papağan yenmez. Martı ve balıkçıl gibi deniz kuşları ise yenir.

Deniz Hayvanlarının Hükmü

Hanefî mezhebine göre balık şeklinde olmayan hiçbir deniz ürünü yenmez. Mesela ahtapot, kalamar, mürekkep balığı, deniz hınzırı, denizatı, denizaygırı, denizanası, denizayısı gibi hayvanlar ve yengeç, midye, istiridye, ıstakoz, kerevit, karides, deniz salyangozu gibi deniz haşaratı yenmez. Bunların yenmesi mekruhtur.

Bunlara karşılık somon, kalkan, yunus, balina, yılan balığı, kedi balığı ve köpek balığı yenir.

Şâfiî, Hanbelî ve Mâlikî mezheplerine göre deniz ürünlerinin hepsi yenir.

Kaynaklar

AKYÜZ, Vecdi, *İnsanlık Tarihinde ve İslam'da Kurban,* PLURAL Yayınevi, Köln 2018.

BİLMEN, Ömer Nasûhî, *Büyük İslâm İlmihâli,* Bilmen Yayınevi, İstanbul 1985.

EL-CEZİRÎ, Şeyh Abdurrahman, *Dört Mezhebin Fıkıh Kitabı,* Terc: Hasan Ege, Bahar Yayınevi, C. 1-7

DİN İŞLERİ YÜKSEK KURULU, *Fetvalar,* DİB Yayınları, Ankara 2018.

DÖNDÜREN, Hamdi, *Delilleriyle İslâm İlmihali,* Erkam Yayınları, İstanbul 2012.

Hadislerle İslam, DİB Yayınları, 2. Baskı, Ankara 2013, C.1-7.

İBN ÂBİDÎN, *Reddü'l Muhtar Aled-Dürrü'l-Muhtar,* Terc: Ahmed Davudoğlu, Şamil Yayınları, İstanbul 1982, C. 1-17.

İLMİHÂL, *İman ve İbadetler,* TDV, Ankara 2012, C.1-2.

İSLAM ANSİKLOPEDİSİ, *TDV İSAM,* İstanbul 1988-2013, C.1-44

KÖSE, Saffet, *Fıkha Giriş,* PLURAL Yayınevi, Köln 2019.

Kürsüden Gönüllere, PLURAL Yayınevi, Köln 2016.

MERGİNÂNÎ, Şeyhülislam Burhanüddin Ebû Bekir, *El-Hidâye Tercemesi,* Terc: Ahmed Meylânî, Kahrâman Yayınları, İstanbul 1992, C. 1-4

ZUHAYLÎ, Vehbe, *İslâm Fıkhı Ansoklpedisi,* Risale Yayınları, 2. Baskı, İstanbul 1992, C. 1-10.